AUTORES:

JOSÉ MARÍA CAÑIZARES MÁRQUEZ
CARMEN CARBONERO CELIS

COLECCIÓN OPOSICIONES MAGISTERIO: EDUCACIÓN FÍSICA

LA EDUCACIÓN FÍSICA EN EL SISTEMA EDUCATIVO:
OBJETIVOS Y CONTENIDOS. EVOLUCIÓN Y DESARROLLO DE LAS FUNCIONES ATRIBUIDAS AL MOVIMIENTO COMO ELEMENTO FORMATIVO
(VOLUMEN 2)

WANCEULEN
EDITORIAL DEPORTIVA

COLECCIÓN OPOSICIONES MAGISTERIO: EDUCACIÓN FÍSICA

VOLUMEN 2.

LA EDUCACIÓN FÍSICA EN EL SISTEMA EDUCATIVO: OBJETIVOS Y CONTENIDOS. EVOLUCIÓN Y DESARROLLO DE LAS FUNCIONES ATRIBUIDAS AL MOVIMIENTO COMO ELEMENTO FORMATIVO

AUTORES

José Mª Cañizares Márquez

- Catedrático de Educación Física
- Tutor del Módulo del Practicum del Master de Secundaria
- Especialista en preparación de opositores
- Autor de numerosas obras sobre Educación y Preparación Física

Carmen Carbonero Celis

- D. E. A. en Instituciones Educativas
- Licenciada en Pedagogía
- Maestra de Primaria y Secundaria en centros de Educación Compensatoria
- Didacta presencial del Módulo de Pedagogía General en el CAP
- Profesora de Pedagogía Terapéutica en Centro Educación Primaria

Título: LA EDUCACIÓN FÍSICA EN EL SISTEMA EDUCATIVO: OBJETIVOS Y CONTENIDOS. EVOLUCIÓN Y DESARROLLO DE LAS FUNCIONES ATRIBUIDAS AL MOVIMIENTO COMO ELEMENTO FORMATIVO.

Autores: José Mª Cañizares Márquez y Carmen Carbonero Celis

Editorial: WANCEULEN EDITORIAL DEPORTIVA, S.L.

C/ Cristo del Desamparo y Abandono, 56   41006 SEVILLA

Dirección web: www.wanceulen.com

I.S.B.N.: 978-84-9993-473-0

Dep. Legal:

© Copyright: WANCEULEN EDITORIAL DEPORTIVA, S.L.

Primera Edición: Año 2016

Impreso en España:

Reservados todos los derechos. Queda prohibido reproducir, almacenar en sistemas de recuperación de la información y transmitir parte alguna de esta publicación, cualquiera que sea el medio empleado (electrónico, mecánico, fotocopia, impresión, grabación, etc), sin el permiso de los titulares de los derechos de propiedad intelectual. Cualquier forma de reproducción, distribución, comunicación pública o transformación de esta obra solo puede ser realizada con la autorización de sus titulares, salvo excepción prevista por la ley. Diríjase a CEDRO (Centro Español de Derechos Reprográficos, www.cedro.org) si necesita fotocopiar o escanear algún fragmento de esta obra.

ÍNDICE

Presentación de la Colección.

Introducción

1. ASPECTOS COMUNES A TENER EN CUENTA EN EL EXAMEN ESCRITO.

    1.1. Criterios de corrección y evaluación que siguen los tribunales.
    1.2. Consejos sobre cómo estudiar los temas. Estrategias.
    1.3. Recomendaciones para la realización del examen escrito. Estrategias.
    1.4. Modelo estandarizado de presentación de examen escrito.
    1.5. Partes estándares a todos los temas.

2. LA EDUCACIÓN FÍSICA EN EL SISTEMA EDUCATIVO: OBJETIVOS Y CONTENIDOS. EVOLUCIÓN Y DESARROLLO DE LAS FUNCIONES ATRIBUIDAS AL MOVIMIENTO COMO ELEMENTO FORMATIVO.

COLECCIÓN OPOSICIONES DE MAGISTERIO. ESPECIALIDAD DE EDUCACIÓN FÍSICA

PRESENTACIÓN DE LA COLECCIÓN

Los autores, con muchos años de experiencia en la preparación de oposiciones, hemos plasmado en esta Colección multitud de argumentos y detalles con la finalidad de que cada persona interesada en acceder a la función pública conozca minuciosamente todos los pormenores de la preparación.

La Colección está compuesta por una treintena de volúmenes, de los que veinticinco están dedicados a otros tantos capítulos del temario, y los cinco restantes a cómo hacer y exponer oralmente la programación didáctica y las UU. DD., así como a resolver el examen práctico escrito.

Los destinados a los temas llevan incorporados unos aspectos comunes previos sobre cómo hay que estudiarlos y consejos acerca de cómo realizar el ejercicio escrito.

Los aplicados al examen oral: defensa de la programación y exposición de las U.D.I., también llevan un capítulo referente a cómo es mejor hacer la expresión verbal, el mensaje expresivo, el esquema en la pizarra, etc.

Es decir, los autores no nos hemos ceñido a publicar un temario para las dos pruebas escritas (tema y casos prácticos) y las dos orales (programación y unidades). Hemos querido hacer partícipe de las técnicas que hemos seguido estos años y que tan buen resultado nos han dado, sobre todo a quienes sacaron plaza merced a su propio esfuerzo. No obstante, debemos destacar un aspecto capital: ratio del tribunal, es decir, ¿con cuántos opositores me tengo que "pelear" para conseguir la plaza?

Ya podemos ir perfectamente preparados, que si un tribunal tiene dos plazas para dar y hay diez opositores con un diez... la suerte de tener una décima más o menos en la fase de concurso nos dará o quitará la plaza.

Por otro lado, es conocido que desde hace año en España tenemos diecisiete "leyes de educación", es decir, una por autonomía, además de la que es común para todos y que, como las autonómicas, depende del partido político que gobierne en ese momento. No podemos obviar que la Educación y todo lo que le rodea -incluidos opositores- es un aspecto más de la política, si bien entendemos debería ser justo lo contrario. La formación de nuestros hijos no debe estar en función de unas siglas de unos partidos políticos, porque cuando uno consigue el poder, elimina por sistema lo hecho por el anterior, esté mejor o peor. Ejemplos, por desgracia, hay muchos desde la LOGSE/1990. Así pues, abogamos por un Pacto Educativo que incluya, lógicamente, a opositores y al Sistema de Acceso a la Docencia.

Esto trae consigo que, forzosamente, debamos basarnos en una línea de elementos legislativos. En nuestro caso, además de la nacional, nos remitimos a la de Andalucía. Por ello, las personas opositoras que nos lean deberán adecuar las citas legislativas autonómicas que hagamos a las de la comunidad/es donde acuda a presentarse a las oposiciones docentes.

Para cualquier información corta, los autores estamos a disposición de las personas lectoras en:

oposicionedfisica@gmail.com

INTRODUCCIÓN

Este volumen tiene dos partes claramente diferenciadas:

a) Por un lado tratamos diversos aspectos comunes a todos los temas escritos. Es decir, nos centramos en cómo hay que estudiarlos a partir de los propios criterios de valoración del examen que indica la Consejería de Educación de la Junta de Andalucía, y que suelen ser similares a los de otras autonomías. También incluimos los criterios de otras comunidades, pero no de todas porque se nos haría interminable.

Esta parte también incluye una serie de consejos acerca de cómo estudiar los temas, cuestión que no es baladí porque el opositor está muy limitado por el tiempo disponible para realizarlo.

Esto nos lleva a siguiente punto, el "perfil" de cada opositor, su capacidad grafomotriz muy a tener en cuenta para que en el tiempo dado seamos capaces de tratar el tema elegido con una estructura adecuada a los criterios de evaluación que el tribunal va a usar en la corrección.

Es muy corriente el comentario de "mientras más sepas, más nota sacas y más posibilidades de obtener plaza tienes". Esto trae consigo, en muchas ocasiones, que el opositor se encuentre con "montañas de papeles" sin estructurar, sin saber si un documento reitera lo de otro, sin dominar la capacidad de síntesis ante tanto volumen de definiciones, clasificaciones, teorías, opiniones, etc.

La realidad es muy distinta. El opositor debe llevar preparado al menos veinticuatro documentos (para tener el 100% de que le va a salir en el sorteo un tema estudiado concienzudamente), con la información muy exacta de lo que le da tiempo a escribir correctamente desde todos los puntos: científico, legislativo, autores, estructura del propio examen, sintaxis, ortografía, etc.

Muchas veces nos han preguntado por el conocimiento de los tribunales, si están al día, etc. Nuestra respuesta ha sido siempre la misma: "sabrán más o menos de cada uno de los veinticinco temas, lo leerán con más o menos detenimiento, pero seguro que lo que más saben es corregir escritos porque lo hacen a diario en sus aulas, de ahí que debamos prestar la máxima atención a estos aspectos formales". Para ello añadimos al final una hoja-tipo.

Completamos este primer capítulo con una tabla de planificación semanal que debemos hacer desde un principio para "obligarnos" y seguirla con disciplina espartana, si de verdad queremos tener éxito.

b) Por otro, el Tema 2 totalmente actualizado a fecha de hoy. La persona opositora debe, una vez conozca el volumen de contenidos que es capaz de escribir, hacer un resumen equitativo de cada punto y "cuadrarlo" a su capacidad grafomotriz. A partir de aquí, a estudiarlo... pero escribiéndolo ya que la nota nos la van a poner por lo que escribamos y cómo expresemos esos contenidos. Pero, si en la comunidad donde nos examinemos, el escrito hay que leerlo al tribunal, de nuevo lo haremos, cuanto antes mejor, para ensayar la lectura y que determinadas palabras no se nos "atraganten".

CRITERIOS DE CORRECCIÓN Y EVALUACIÓN QUE SIGUEN LOS TRIBUNALES

Consideramos imprescindible saber **previamente** cómo nos va a evaluar el Tribunal para realizar el examen con respecto a los ítem que va a tener en cuenta. Aportamos varios **modelos** que han transcendido y que, básicamente, se diferencian en la **formulación** de las consideraciones y en su valoración, no en el **fondo**.

CRITERIOS DE EVALUACIÓN EN ANDALUCÍA.

La Consejería de Educación de la Junta de Andalucía informa a los sindicatos, en mayo de 2007, sobre un "borrador" de criterios de evaluación para el "Concurso Oposición al Cuerpo de Maestros 2007". Posteriormente, como pudimos comprobar esa convocatoria y las siguientes, estos criterios se hicieron "firmes".

Transcribimos literalmente los cinco puntos a considerar sobre el tema escrito:

CRITERIOS GENERALES TEMA ESCRITO

Estructura del tema.

a) Presenta un índice.
b) Justifica la importancia del tema.
c) Hace una introducción del mismo.
d) Expone sus repercusiones en el currículum y en el sistema educativo.
e) Elabora una conclusión acorde con el planteamiento del tema.

Contenidos específicos.

a) Adapta los contenidos al tema.
b) Secuencia de manera lógica y clara sus apartados.
c) Argumenta los contenidos.
d) Profundiza en los mismos.
e) Hace referencia al contexto escolar.

Expresión.

a) Muestra fluidez en la redacción.
b) Hace un uso correcto del lenguaje, con una buena construcción semántica.
c) Emplea de forma adecuada el lenguaje técnico.

Presentación.

a) Presenta el escrito con limpieza y claridad.
b) Utiliza un formato adecuado teniendo en cuenta el apartado 4 del artículo 7.4.1. de la Orden de 24 de marzo de 2007, BOJA nº 60 del 26/03/2007.
Nota: Se refiere a aspectos formales tales como no firmar el examen, entregarlo en un sobre con etiquetas, etc.

Bibliografía/Documentación.

a) Fundamenta los contenidos con autores o bibliografía.
b) Sitúa el tema en el marco legislativo pertinente.

La Consejería de Educación de la Junta de Andalucía informa a los sindicatos, en **junio de 2015**, sobre los criterios de evaluación para el "Concurso Oposición al Cuerpo de Maestros 2015". Transcribimos literalmente los cuatro puntos a considerar sobre el tema escrito:

CRITERIOS GENERALES A TENER EN CUENTA EN LA CORRECCIÓN DEL TEMA ESCRITO (JUNIO 2015).

1. Estructura del tema.

a) Secuencia de manera lógica y clara cada uno de los apartados del tema
b) Expone con claridad

2. Contenidos.

a) Argumenta y justifica científicamente los contenidos
b) Conoce y tarta con profundidad el tema
c) Realiza una transposición didáctica de la teoría expuesta a la práctica
d) Fundamenta los contenidos con autores y bibliografía que realmente hagan referencia al contenido en cuestión, así como a la normativa vigente

3. Expresión.

a) Redacta con fluidez
b) Usa correctamente el lenguaje y presenta una adecuada construcción sintáctica
c) Usa con propiedad el lenguaje técnico específico de la especialidad
d) No se aprecian divagaciones, reiteraciones, etc.

4. Presentación.

a) El ejercicio es legible: no hay que estar deduciendo qué quiere decir ni traduciendo el texto
b) Se observa limpieza y claridad en el ejercicio
c) Usa un formato adecuado

CRITERIOS GENERALES A TENER EN CUENTA EN LA CORRECCIÓN DEL TEMA ESCRITO
(Comunidad de Castilla-La Mancha)

Los criterios de evaluación del tema escrito (Comunidad de Castilla-La Mancha), que tuvieron los tribunales en cuenta en la convocatoria de 2007 y que fueron establecidos por la Comisión de Selección de la Especialidad de Educación Física, son:

CRITERIOS PARA EVALUAR EL TEMA ESCRITO. PARTE "A"	Puntuación
1.- Introducción, justificación, índice y mapa conceptual.	(MÁXIMO 1,5 puntos)
2.- Contenidos específicos	
2.1.-Trata todos los epígrafes del tema. 2.2.- Adecuación de los contenidos al tema. Los contenidos se ajustan al tema. 2.3.- Profundización de los mismos. 2.4.- Organización lógica y clara en cada punto. Atendiendo al índice. 2.5.- Argumentación de los contenidos. 2.6.- Referencia al contexto escolar. 2.7.-Relaciona con otros temas del currículum. 2.8.- Originalidad y creatividad en el tema.	(MÁXIMO 6,5 puntos)
3.-Bibliografía	
3.1.- Bibliografía específica del tema. Cita autores y hace referencias bibliográficas. 3.2.- Aspectos legislativos. Hace referencia a la legislación nacional y autonómica.	(MÁXIMO 0,75 puntos)
4.- Conclusión y valoración personal	(MÁXIMO 0,75 puntos)
5.- Aspectos formales. Presentación, estructura, organización, uso de vocabulario técnico.	(MÁXIMO 0,5 puntos)
6.- Errores	
a. Divagaciones b. Faltas de ortografía c. Errores garrafales	SE VALORARÁ NEGATIVAMENTE POR PARTE DEL TRIBUNAL
Total	10 Puntos.

OTROS CRITERIOS GENERALES A TENER EN CUENTA EN LA CORRECCIÓN DEL TEMA ESCRITO

Otros tribunales siguieron unos criterios de evaluación del examen escrito como los que ahora reflejamos:

		CRITERIOS PARA EVALUAR EL TEMA ESCRITO	
1		Introducción, índice y mapa conceptual	Máximo 1 punto
2		Nivel de contenidos	Máximo 5 puntos
	2.1.	Trata todos los epígrafes del tema	
	2.2.	Los contenidos se ajustan al temario	
	2.3.	Relaciona con otros temas del curriculum	
	2.4.	Hace referencia a la legislación nacional y autonómica	
	2.5.	Cita autores y/o referencias bibliográficas	
3		Aspectos formales: presentación, estructura, organización, vocabulario y ortografía	Máximo 3 puntos
4		Conclusión, valoración personal y bibliografía	Máximo 1 punto

Esta tabla tuvo su origen en la Convocatoria de Castilla La Mancha hace unos años. Sus criterios siguen vigentes.

Cuadro resumen de los Criterios de Evaluación	Temas A

1.- Contenidos específicos
   a. Adecuación de los contenidos al tema.
   b. Profundización de los mismos.
   c. Organización lógica y clara en cada punto (Índice).
   d. Argumentación de los contenidos.
   e. Referencia al contexto escolar.
   f. Originalidad y creatividad en el tema.
	2,75 puntos

2.- Introducción y conclusión
   a. Justificación de la importancia del tema.
   b. Repercusiones en nuestra área y en el Sistema Educativo.
   c. Buena introducción del tema.
   d. Conclusión.
	0,5 puntos

3.- Expresión
   a. Fluidez del discurso.
   b. Buena redacción, sin errores sintácticos, redundancias...
   c. Uso del lenguaje técnico.
	1 puntos

4.- Presentación
   a. Limpieza y claridad.
   b. Formato con variedad de recursos (gráficos, sangrías, diferenciación entre títulos, subtítulos, contenidos, esquema, etc.)
	0,5 puntos

5.-Bibliografía
   a. Bibliografía específica del tema.
   b. Aspectos legislativos.
	0,25 puntos

Penalizaciones
   a. Divagaciones
   b. Faltas de ortografía
   c. Errores garrafales
	A restar según criterio del propio tribunal

Totales	5 Ptos.

En 2013, la Convocatoria de Castilla-La Mancha incluían estos criterios:

PARTE 1B *DESARROLLO DE UN TEMA DE LA ESPECIALIDAD*	PESO ESPECÍFICO
1. Estructurar el tema de forma coherente, secuenciada, justificada y equitativa con todos los apartados.	25%
2. En relación a los contenidos desarrollados, responder al tema planteado, adaptándose al currículum, con aportaciones teórico-prácticas, siendo funcional para la práctica docente.	40%
3. Ser original y creativo en el desarrollo del tema, estableciendo conexiones con otros contenidos del currículum, con aportaciones personales fundamentadas que revelan la creación propia e inédita del mismo.	15%
4. El tema será afín a unas bases teóricas, a una fundamentación científica de la que parte el currículum, al tiempo que aporta ideas nuevas.	5%
5. Mostrar una lectura fluida y comprensible, con una actitud transmisora y un desarrollo expositivo que se ciñan al tema.	15%

CONSEJOS SOBRE CÓMO ESTUDIAR LOS TEMAS. ESTRATEGIAS.

Exponemos una serie de consejos que solemos dar a nuestros opositores:

- Cada uno tiene un "método" que ha experimentado durante su vida de estudiante, sobre todo a nivel universitario, de ahí que nuestra influencia sea relativa. No obstante, muchos nos reconocen que *"nunca hemos estudiado en profundidad hasta comenzar a prepararnos las oposiciones"*.

- Reconocemos que hay **múltiples** formas de estudio. Hemos tenido opositores que necesitaban estar tumbados, otros sentados y en total silencio, otros tenían que tener forzosamente una tenue música de fondo, etc. Es decir, existen muchas maneras con más o menos **dependencia/independencia** de **campo**.

- Unos precisan **luz** natural, otros luz blanca o azul, con flexo cercano o con la de la lámpara del techo...

- Hay quien prefiere estudiar a base de **resúmenes** hechos en un procesador de textos y otros, en cambio, tenían que estar a mano.

- Muchos prefieren **grabar** verbalmente los contenidos para reproducirlos cuando viaja, corre, nada o anda y así aprovechar estos "tiempos muertos".

- Otros requieren **gráficos** y mapas conceptuales. Incluso, hemos tenido los que preferían hacer un póster-esquema y colgarlo a la pared para leerlo de pie...

- Otro grupo lo conforman aquellos que prefieren subrayar o señalar los puntos clave con rotulador marcador tipo fluorescente, otros a lápiz... Eso sí, lo señalado debe tener encadenamiento o cohesión interna para verterlo, ya redactado, en el examen, de ahí que **debamos estudiar escribiendo**, porque el examen escrito trata de ello.

- Debemos usar bolígrafos de gel por ser más rápidos en su trazo y papel tamaño A4, que es el que nos van a proporcionar el día del examen. Ojo a los tipos de **bolígrafos permitidos** por los tribunales, debemos estar muy atentos a lo que nos dicen el día de la **presentación**. Independientemente de ello, debemos acostumbrarnos a poner el folio directamente sobre la superficie dura de la mesa, ya que así la velocidad de escritura es superior que si lo situamos encima de otros folios porque éstos hacen que el espacio de apoyo nos frene por ser más blando. Un **reloj** para controlarnos los tiempos es imprescindible también.

- En cualquier caso, no sería bueno estudiar más de dos horas seguidas, sobre todo si estamos sentados. Ello, normalmente, acarrea contracturas dorso-lumbares, en los miembros inferiores, etc. con el consiguiente dolor y molestia. Lo mismo podemos decir a nivel de nuestra visión.

- Realizar **actividad física o deportiva** varias veces a la semana es muy aconsejable por simple razón de compensación y revitalización personal.

- Es bueno, pues, cada dos horas aproximadamente, hacer un **alto horario** de 8-10 minutos para despejarnos mentalmente y estirarnos físicamente. Beber **agua** y la ingesta de **fruta** suele ser positivo. Esto es extensible al día del examen de la oposición.

- No obstante, si la convocatoria nos dice que el escrito durará más de este tiempo, debemos paulatinamente aumentar las dos horas hasta llegar al **tope** marcado.

- Siempre recomendamos realizar una **planificación** semanal personalizada, que regule nuestro **tiempo** destinado al estudio (avance y repaso de los temas del escrito, casos prácticos, exposición oral), al trabajo, deporte, ocio, obligaciones familiares, etc. Ver tabla/ejemplo en la página siguiente.

- **¿Cuánto tiempo dedicar al estudio?** No podemos dar "recetas" pues depende del nivel previo de cada opositor. Hay quien trae excelentes aprendizajes previos de la carrera y hay quien ese nivel lo trae demasiado básico. Otros ya tienen experiencias en oposiciones, etc. Así pues cada uno debe auto regularse en función de sus capacidades y sus circunstancias personales. Genéricamente podemos indicar que, al menos, 4-6 horas/día divididas por un descanso de 10-15 minutos puede ser un estándar adecuado. A partir de ahí, personalizar en función del avance o no obtenido.

- Siempre debemos tener un "**molde personal**" en función de la capacidad grafomotriz, habida cuenta el **ahorro** de tiempo y energía que nos supone seguir esta estrategia.

- De cualquier forma, debemos respetar el dicho popular "*lo que no se recuerda, no se sabe*", de ahí **memorizar comprensivamente** lo más significativo.

- La **memoria**, al igual que ocurre con la condición física, se mejora ejercitándola con frecuencia.

- Tan importante es memorizar un tema nuevo como no olvidar los ya aprendidos, por lo que es necesario **consolidar**, repasando, lo estudiado. Comprobar que dominamos temas anteriores mejora nuestra capacidad de auto concepto.

- De ahí la importancia de estudiar teniendo delante nuestro **resumen personalizado** y olvidarnos de aumentar los contenidos del tema porque, además de crearnos inquietudes, posiblemente no podamos reflejar todo lo que sabemos en el tiempo que tenemos de examen.

Mostramos en el siguiente **gráfico** un claro y rápido ejemplo de cómo auto planificarse el estudio durante la semana a partir de tres **módulos** diarios:

EJEMPLO DE PLANIFICACIÓN SEMANAL-TIPO
Combinación de estudio-repaso-programación-UU.DD.-prácticos-trabajo profesional-descanso

LUNES	MARTES	MIÉRCOLES	JUEVES	VIERNES	SÁBADO	DOMINGO
MAÑANA	MAÑANA	MAÑANA	MAÑANA	MAÑANA	MAÑANA	MAÑANA
TRABAJO	Estudio tema nuevo semana	TRABAJO	Repaso tema nuevo	TRABAJO	Casos Prácticos	Libre
TRABAJO	Estudio tema nuevo semana	TRABAJO	Programación	TRABAJO	Casos Prácticos	Libre
TARDE	TARDE	TARDE	TARDE	TARDE	TARDE	TARDE
Estudio tema nuevo semana	Programación	Repaso temas anteriores	UU. DD.-U.D.I.	Sesión de clase con preparador	Repaso temas anteriores	Repaso temas anteriores

RECOMENDACIONES PARA LA REALIZACIÓN DEL EXAMEN ESCRITO. ESTRATEGIAS.

NOTA: Muchos de los consejos que ahora damos, sobre todo los relacionados con la presentación, escritura, etc. son también aplicables a la realización por escrito de los casos prácticos, si los hubiera.

En las convocatorias anteriores se ha comprobado que la mayoría de aprobados en el examen escrito tenían **buena letra**, además de contenidos notables. Efectivamente, entre los criterios de evaluación que utilizan los tribunales hay algunos puntos destinados a la **presentación** que no podemos desechar. Incluso, si la Orden de la Convocatoria indica que el opositor deberá **leer** su propio **examen** ante el tribunal, éste suele comprobar posteriormente su estructura, sintaxis, ortografía, etc.

No llegar a tiempo a los llamamientos supone la primera **precaución** a tomar. En ocasiones, las instalaciones donde se celebran las oposiciones se ven saturadas desde varios kilómetros antes de llegar. A ello hay que sumar el tiempo para aparcar, buscar el aula asignada, etc. **Llegar tarde** puede suponer la **no presentación** y la consiguiente **eliminación**.

Gracias a las observaciones hechas por los tribunales de años anteriores y por los criterios de evaluación que han transcendido, estamos en disposición de apuntar una serie de anotaciones a considerar por las personas opositoras durante su periodo de preparación con nosotros. Habitualmente los tribunales reservan parte de la nota total para los **aspectos "formales"** del examen, que ahora comentamos. Esto es de vital importancia porque dos opositores con igual cantidad y calidad de contenidos, sacará mejor nota quien mejor lo presente. Ante ello, reservar algunos minutos para poder **revisar** el examen antes de entregarlo, teniendo en cuenta lo siguiente:

- Nadie aprueba con **mala letra**. Igual decimos de la presentación y limpieza.
- Esto lo hacemos extensivo a las faltas de **ortografía**, acentuación, mala **sintaxis**, incorrecciones **semánticas**, **expresión** y **redacción**, **vulgarismos**, **repetir la misma palabra** continuadamente, **tachones**, suciedad, etc. No podemos "escribir igual que hablamos". También, no poner el número del tema elegido o su título. Otro error habitual es el mal uso de los puntos, bien seguido, bien aparte.
- Debemos escribir por **una carilla** -al menos que el tribunal indique otra cosa- con letra más bien grande para facilitar su lectura. No poner detalles como "no recuerdo…"; "creo que…"; "no me da tiempo…"; "me parece que es…".
- La **media** de **folios** (carillas o páginas) que suelen hacer nuestros preparados están entre **14 y 16**, con **17-22 renglones** cada una (20 lo habitual) y **9 palabras/renglón,** teniendo en consideración unos **márgenes laterales** y **superior e inferior** de 2 a 2'5 centímetros. No obstante, conforme avanza la preparación y la habilidad para escribir este tipo de examen, hay quien aumenta el volumen de páginas de manera significativa, pero siempre manteniendo y respetando los criterios de evaluación que suelen tener los tribunales: letra, limpieza, construcción semántica, ortografía, etc. Si preferimos escribirlo en un procesador de textos, como puede ser "Word", el número de palabras suele estar alrededor de las 2400-2700, aproximadamente.
- Los **renglones** deben ser **paralelos** y siempre con el mismo **interlineado**. En caso de tener problemas para hacerlo, podemos llevarnos una **plantilla** ya hecha, como una hoja tamaño folio de cuaderno de rayas, o bien hacerla allí

mismo con lápiz y regla. Si tampoco pudiese ser (a veces los tribunales han hecho especial hincapié en "no entrar con plantilla, regla, etc."), nos esmeraríamos en la realización de la primera página, aunque tardásemos más tiempo, y ésta nos serviría como "falsilla" o planilla de renglones. Otro "**truco**" es hacerla a partir del **DNI** al que previamente le hemos hecho unas señales minúsculas con la anchura que deseamos. Éste nos sustituiría a la regla.

- No se puede ser "loco o loca" escribiendo. Para ello es importante el **entrenamiento** durante el periodo de preparación. De ahí surge la **automatización** de todos estos aspectos, además del sangrado, márgenes, etc. No poner abreviaturas.
- Por otro lado debemos **numerar** las hojas, incluso algunos lo hacen poniendo "1 de 15; 2 de 15...".
- La utilización de **dos colores** de tinta **no** suele estar **permitido**, como tampoco subrayados para señalizar los títulos, epígrafes, ideas fundamentales, etc., al menos que el tribunal exprese lo contrario. En todo caso, **preguntar** al tribunal antes de empezar si es posible su uso, así como de tippex. También si se pueden poner gráficos, flechas, tablas, etc., si el tribunal lo permite, pero la Orden de la Convocatoria suele prohibirlo por considerarlo posible "**señal**". Un **bolígrafo** tipo **gel** y apoyarnos sobre un **superficie dura** para que éste se deslice mejor, nos permite mayor velocidad de escritura manteniendo su calidad. Quienes suelen hacer tachaduras, previendo que no les dejen usar tippex, pueden optar por un **bolígrafo borrable por fricción** (marca Pilot o similar) que elimina cualquier rastro de su propia tinta. No obstante, determinados "bolígrafos rápidos" que se basan en tinta tipo gel, suelen ser peor para opositores **zurdos**, por razones obvias. Recordamos la necesidad de seguir exactamente las **instrucciones** que nos dé el tribunal al respecto, habida cuenta tenemos experiencias sobre la **anulación** de exámenes por el uso de este tipo de herramienta de escritura.
- No olvidemos que la mayoría de los títulos de los temas tienen tres puntos, por lo que debemos **dividir** la totalidad de materia que escribamos en tres partes similares. De esa forma, evitamos exponer mucho contenido de una parte en perjuicio de otra. Así pues, normalmente haremos tres puntos con varios sub-puntos cada uno buscando la conexión entre los mismos. Además, pondremos el **índice** al principio, tras el título, **introducción**, **conclusiones**, **bibliografía** -que incluye la legislación- y webgrafía. En **resumen**, queda muy bien, limpio y "amplio", la estructuración del examen de esta manera:

    - **Título** del Tema. 1ª página. Mayúsculas y en una única página.
    - **Índice**. 2ª página. En una sola página.
    - **Introducción**. 3ª y 4ª página. Debe tener cierta peculiaridad con objeto de atraer la curiosidad del corrector. Nombrar los descriptores del título y en cada uno dar una o dos referencias del mismo. Podemos "presentarlo" a través de su importancia en el currículo y citar sus referencias legislativas. Usar, preferentemente, dos páginas.
    - **Apartados o descriptores** y los sub-apartados. 5ª página. Es el eje alrededor del cual gira la nota relativa a los contenidos. Incluye definiciones, clasificaciones, teorías, líneas metodológicas, referencias curriculares, aplicaciones prácticas, actividades, etc., todo ello citando a autores y normativa que luego quedarán reflejados en la bibliografía, pero con una redacción técnica. En cualquier caso debemos marcar claramente cuándo finalizamos el primer punto y comenzamos el siguiente. Si somos "olvidadizos", podemos dejar un interlineado relativamente amplio por si nos acordamos después de algún detalle olvidado y deseamos incorporarlo sin tachones.

- **Conclusiones**. Lo más notable que hemos tratado, los puntos clave. Al ser lo último que el corrector lee, deben estar muy cuidadas porque puede influir decisivamente en la nota.
- **Bibliografía**. Reseñar algún libro "comodín" y de los autores nombrados anteriormente. También la legislación significada.
- **Webgrafía**. Alguna general, como revistas digitales, o específica.

En cualquier caso, es **imprescindible** conocer los **criterios de evaluación** que van a seguir los tribunales, máxime si son públicos, como viene ocurriendo en varias comunidades autónomas, y en Andalucía de forma más concreta, tal y como hemos citado en el capítulos anteriores. Debemos, pues, hacer caso de ellos y citar o desarrollar todos los **aspectos** que los criterios mencionan.

Precisamente, el tiempo no lo podemos "regalar" ni despreciar, por lo que si terminamos el examen y aún quedan cinco o diez minutos, debemos **repasar** lo escrito por si se nos ha olvidado algo relevante o no hemos puesto la debida atención a las faltas gramaticales, sesgos sexistas, escritura con "códigos SMS", etc. Así pues, debemos agotar el tiempo subsanando cualquier error.

Si la preparación ha sido buena, nada más hacerse el sorteo de los temas, debemos decidirnos por uno. Inmediatamente nos concentramos y empezamos a desarrollarlo, porque debemos ya tener "**automatizada**" su escritura. Si empezamos a dudar, comenzamos a perder el escaso tiempo que nos dan.

En caso de haber estudiado con "**esquemas**", lo mejor sería hacernos uno en sucio para usarlo como guía en la redacción del examen. Este folio nos sirve también para tomar notas, para ir estructurando el tema, etc. Pero, repetimos, la escritura del tema debemos tenerla automatizada porque si no perdemos el tiempo. Esta hoja la destruiríamos al terminar.

Si hemos preparado una introducción, conclusiones, bibliografía y webgrafía "estándar", podemos irlas escribiendo en el llamado "**tiempo perdido**" que suele haber desde que nos dan los folios hasta que sortean los números de los temas. Después podemos añadir los rasgos específicos del tema ya elegido.

Nuestros preparados suelen preguntarnos por la expresión a usar. Aconsejamos el "**plural mayestático**" (*nosotros, ahora vemos, podemos seguir, observamos*, etc.)

Otro aspecto importante es la **elección** del tema de entre los sorteados. Debemos hacer el que dominemos mejor, el que ya lo hayamos escrito muchas veces durante la preparación, el que nos garantice escribir más folios, en suma, el que nos dé más seguridad.

No olvidar llevarse **agua** y alguna pieza de **fruta**. Normalmente a finales de junio suele hacer mucho **calor** y la sensación de éste aumenta con la tensión del examen.

Ahora adjuntamos una **hoja con un resumen** de los **aspectos formales** del examen escrito del tema, aunque aplicable también a la redacción de los **casos prácticos**.

MODELO ESTÁNDAR DE PRESENTACIÓN PARA PRUEBA ESCRITA

2.- COORDINACIÓN Y EQUILIBRIO EN LA INICIACIÓN AL FÚTBOL ESCOLAR

2.1. CONCEPTUALIZACIONES PRELIMINARES.

Desde un primer momento es adecuado tener en cuenta que cualquier movimiento, por mínimo que sea, requiere coordinación y equilibrio adecuados. Por ejemplo, abrir y cerrar una mano conlleva que una serie de grupos musculares realicen (agonistas) la acción y que otros se relajen (antagonistas) para que aquéllos puedan actuar, así como que otros grupos estabilicen (fijadores) los de la muñeca para que lo anterior pueda tener lugar (Téllez, 2014).

La coordinación nos permite hacer lo pensado, es decir, realizar la imagen mental que nos hemos hecho, el esquema motor. Está íntimamente ligada a las habilidades y destrezas básicas a través de su relación con la coordinación dinámico general y la coordinación óculo-segmentaria, respectivamente (Mateos y Garriga, 2015).

Precisamente, las edades porpias de la Primaria son las más críticas para el desarrollo de las capacidades coordinativas (Bugallal, 2011).

Si nos fijamos atentamente en un partido de fútbol podemos observar numerosas acciones diferentes y que, mal hechas, pueden producir lesiones, como dejinses:

a) Carreras

b) Saltos

c) Giros

d) Lanzamientos

Todos ellos con infinidad de VARIANTES. Para que todos esos gestos "salgan bien" ~~havrá~~ habrá sido necesario un director que regule todos los mov. Esta es la función del sistema nervioso.

PARTES ESTÁNDARES A TODOS LOS TEMAS.

Muchas de las personas que preparamos tienen **problemas** por la falta de tiempo o de, simplemente, por ser poco capaces de aprender **introducciones, conclusiones, bibliografías, legislación y webgrafía** de cada uno de los temas.

Uno de los **remedios** para no "castigar" la memoria es confeccionarse unos "**estándares**" o "**comunes**" que den servicio a estos apartados.

Si a ello le unimos la racionalidad en la confección del Índice, a partir de los tres o cuatro apartados o descriptores del título del tema, hemos ahorrado un esfuerzo a nuestra memoria.

Así pues, vamos a dar una serie de **consejos** para que cada persona lectora los elabore de una forma sencilla pero eficaz unos textos usuales, si bien deberíamos a continuación podríamos **complementarlos** con unos **rasgos específicos** del tema que, prácticamente, nos vienen dado por el **título** del tema que nos escribirá el tribunal en la pizarra de la sala de examen. Por ejemplo, si la Introducción la hacemos en dos páginas, los aspectos comunes pueden suponer entre el 60-75 %, es decir, página y un tercio de la siguiente. Si la Conclusión la hacemos en una única, las tres cuartas partes podemos dedicarla a los textos estandarizados y el resto a los concretos del tema escrito.

INTRODUCCIONES COMUNES A TODOS LOS TEMAS

Cuando hemos hablado con los componentes de los tribunales, habitualmente nos indican que suelen fijarse en el "detalle" de si el opositor ha puesto desde el principio o no **referencias** a la **legislación actual**, debido a que suelen entender que cualquier tema debe redactarse **a partir** de las leyes educativas, decretos y órdenes que las desarrollan. Así pues, debemos hacer mención, **respetando su jerarquía**, de:

- Ley Orgánica 8/2013, de 9 de diciembre, para la mejora de la calidad educativa (LOMCE). B.O.E. nº 295, de 10/12/2013.
- Ley Orgánica 2/2006, de 3 de mayo, de Educación (LOE). B.O.E. nº 106 del 04/06/2006. (Modificada por la LOMCE/2013).
- Ley 17/2007, de 10 de diciembre, de Educación en Andalucía. B.O.J.A. nº 252, de 26/12/2007.
- M. E. C. (2014). *Real Decreto 126/2014, de 28 de febrero, por el que se establece el currículo básico de la Educación Primaria.* B. O. E. nº 52, de 01/03/2014.
- M.E.C. (2015). *Orden ECD/65/2015, de 21 de enero, por la que se describen las relaciones entre las competencias, los contenidos y los criterios de evaluación de la educación primaria, la educación secundaria obligatoria y el bachillerato.* B.O.E. nº 25, de 29/01/2015.
- JUNTA DE ANDALUCÍA (2015). *Decreto 97/2015, de 3 de marzo, por el que se establece la ordenación y el currículo de la educación Primaria en la comunidad Autónoma de Andalucía.* BOJA nº 50 de 13/013/2015.
- JUNTA DE ANDALUCÍA (2015). *Orden de 17 de marzo de 2015, por la que se desarrolla el currículo correspondiente a la educación Primaria en Andalucía.* BOJA nº 60 de 27/03/2015.

No obstante, entendemos que sería un buen detalle **citar** también a las **Competencias Clave**, habida cuenta su importancia a partir de la publicación de la LOE/2006, actualizada por la LOMCE/2013.

Igualmente podemos hacer mención a la legislación correspondiente a la evaluación o a la relacionada con la atención a la **diversidad**, pero tanto texto no nos cabe, de ahí la necesidad de **sintetizar** la información que consideremos más representativa.

Otra línea es plasmar alguna "**frase hecha**", como "*enseñar Educación física con éxito supone diseñar una programación coherente con el contexto, disponer de un amplio abanico de estrategias didácticas, generar un clima de clase que invite al aprendizaje, utilizar adecuadamente los recursos materiales y tecnológicos e integrar la evaluación en el proceso de aprendizaje*" (Blázquez y otros, 2010).

Otro ejemplo puede ser: "*Uno de los fines genéricos que persigue la Educación Física escolar es el de favorecer la ubicación personal del alumno/a en la sociedad, en una cultura corporal donde la escuela proporcione al alumnado los medios apropiados para su acceso y, en consecuencia, conseguir los beneficios que de ella pueden conseguir: desarrollo personal; equilibrio psicofísico; mejorar la salud; disfrutar del tiempo de ocio; etc., así como el desarrollo de la autonomía personal ante las influencias que imponen los nuevos mitos sociales*". "*El cuerpo y el movimiento como ejes básicos de nuestra acción educativa*"; "*el área de Educación Física se muestra sensible a los acelerados cambios que experimenta la sociedad…*"; "*la importancia de las relaciones interpersonales que se generan alrededor de la actividad física permiten incidir en la asunción de valores como el respeto, la aceptación, la cooperación…*", procedentes de legislaciones pasadas, como el R. D. 1513/2006, pero de plena actualidad por la temática expresada.

Posteriormente, en la Introducción debemos hacer referencias a la materia que trata el tema elegido, lo que antes hemos referenciado como "rasgos específicos". Esto nos resulta fácil con un poco de práctica, simplemente comentando una o dos líneas a partir del título del tema que el tribunal detalla en la pizarra. No obstante, el sentido de lo que expresemos debe ir encaminado a lo que "vamos a tratar en el desarrollo del tema…"

CONCLUSIONES COMUNES A TODOS LOS TEMAS

Si en las introducciones se basan en lo que "vamos a estudiar en el tema…", con las Conclusiones ocurre al contrario: "a lo largo del tema hemos visto (escrito, estudiado, tratado, etc.) la importancia de…" Para ello podemos **actuar** como antes, es decir, un par de **párrafos comunes** a todas las temáticas. Por ejemplo, "la trascendencia del conocimiento del propio cuerpo, vivenciándolo y disfrutándolo, además de respetarlo". Otra posibilidad es incluir un párrafo basándonos en algunos ejemplos de estos textos **estandarizados**:

"*Todos los niños y niñas tienen el derecho a una educación de calidad que permita su desarrollo integro de sus posibilidades intelectuales, físicas, psicológicas, sociales y afectivas*" (Decreto 328/2010). "*Entendemos la etapa de primaria como fundamental para el desarrollo de las capacidades motrices del alumnado y donde el docente debe observar las deficiencias de éstos para corregirlas lo más rápidamente posible*".

En Andalucía, la O. 17/03/2015, indica que: "*la Educación Física es un área en la que se optimizan las capacidades y habilidades motrices sin olvidar el cuidado del cuerpo, salud y la utilización constructiva del ocio. En Educación física se producen relaciones de cooperación y colaboración, en las que el entorno puede ser estable o variable, para conseguir un objetivo o resolver una situación. La atención selectiva, la interpretación de las acciones de otras personas, la previsión y anticipación de las propias acciones teniendo en cuenta las estrategias colectivas, el respeto de las normas, la resolución de problemas, el trabajo en grupo, la necesidad de organizar y adaptar las respuestas a las variaciones del entorno, la posibilidad de conexión con otras áreas, el juego como herramienta primordial, la imaginación y creatividad".*

Posteriormente plasmamos algunos rasgos de lo más característico que hemos escrito durante la redacción del tema escogido. Realmente se trata de que destaquemos lo más trascendental de cada uno de los apartados de los descriptores del título, pero con información nueva, expresando que "a lo largo del tema hemos visto la importancia de..." o "hemos indicado en la redacción del tema los conceptos, clasificaciones, didáctica de...".

BIBLIOGRAFÍA COMÚN A TODOS LOS TEMAS

Hay quien diferencia **bibliografía** de **legislación**. Nosotros, al estar ambos documentos en formato papel, lo **unificamos**.

Evidentemente cada tema tiene una serie de volúmenes principales o monográficos de apoyo, pero también está muy claro que hay una serie de **libros generales de didáctica** que vienen muy bien tenerlos en cuenta para ponerlos en la mayoría de los temas. Son las publicaciones que habitualmente se manejan en las facultades de Magisterio. Los tribunales suelen valorar más ediciones de los **últimos años**, aunque siempre habrá libros "clásicos", sobre todo las **monografías** de conocidos autores y que son muy **específicas** de los **temas**. Por ejemplo, Delgado Noguera en temas relacionados con la metodología y organización; Blázquez con evaluación y con la iniciación deportiva; Rigal en motricidad, etc.

Algunos ejemplos de bibliografía **común**, es decir, libros que prácticamente en su totalidad tratan **todas** las **materias** de los veinticinco temas, son:

ADAME, Z. y GUTIÉRREZ DELGADO, M. (2009). *Educación Física y su Didáctica. Manual de Programación.* Fondo Editorial de la Fundación San Pablo Andalucía CEU. Sevilla.

ARRÁEZ, J. M.; LÓPEZ, J. M.; ORTIZ, Mª M. y TORRES, J. (1995). *Aspectos básicos de la Educación Física en Primaria. Manual para el Maestro.* Wanceulen. Sevilla.

BLÁZQUEZ, D.; CAPLLONCH, M.; GONZÁLEZ, C.; LLEIXÁ, T.; (2010). *Didáctica de la Educación Física. Formación del profesorado.* Graó. Barcelona.

CAÑIZARES, J. Mª y CARBONERO, C. (2009). *Currículum de Educación Física en Primaria para Andalucía.* Wanceulen. Sevilla.

CAÑIZARES, J. Mª y CARBONERO, C. (2009). *Currículum de Educación Física en Primaria.* Wanceulen. Sevilla.

CHINCHILLA, J. L. y ZAGALAZ, M. L. (2002). *Didáctica de la Educación Física.* CCS. Madrid.

CONTRERAS, O. R. y GARCÍA, L. M. (2011). *Didáctica de la Educación Física. Enseñanza de los contenidos desde el constructivismo.* Síntesis. Madrid.

CONTRERAS, O. y CUEVAS, R. (2011). *Las Competencias Básicas desde la Educación Física*. INDE, Barcelona.

FERNÁNDEZ GARCÍA, E. -coord.- (2002). *Didáctica de la Educación Física en la Educación Primaria*. Síntesis. Madrid.

FERNÁNDEZ GARCÍA, E. -coord.- CECCHINI, J. A. y ZAGALAZ, Mª L. (2002). *Didáctica de la educación física en la educación primaria*. Síntesis. Madrid.

GALERA, A. D. (2001). *Manual de didáctica de la educación física. Una perspectiva constructivista moderada*. Vol. I y II. Paidós. Barcelona.

GIL MORALES, P. (2001). *Metodología didáctica de las actividades físicas y deportivas*. Fundación Vipren. Cádiz.

SÁENZ-LÓPEZ, P. (2002). *La Educación Física y su Didáctica*. Wanceulen. Sevilla.

SÁNCHEZ BAÑUELOS, F. (1996) *Bases para una Didáctica de la Educación Física y los Deportes*. Gymnos. Madrid.

SÁNCHEZ BAÑUELOS, F. y FERNÁNDEZ, E. -coords.- (2003). *Didáctica de la Educación Física para Primaria*. Prentice Hall.

SÁNCHEZ GARRIDO, D. y CÓRDOBA, E. (2010). *Manual docente para la autoformación en competencias básicas*. C.E.J.A. Málaga.

VICIANA, J. (2002). *Planificar en Educación Física*. INDE. Barcelona.

VILLADA, P. y VIZUETE, M. (2002). *Los Fundamentos teóricos-didácticos de la Educación Física*. Secretaría General Técnica del M. E. C. D. Madrid.

VV. AA. (2008). *Colección de manuales de atención al alumnado con necesidades específicas de apoyo educativo*. (10 volúmenes). C. E. J. A. Sevilla.

ZAGALAZ, Mª L.; CACHÓN, J.; LARA, A. (2014). *Fundamentos de la programación de Educación Física en Primaria*. Síntesis. Madrid.

Esta relación, o parte de ella, no debe aparecer en exclusiva. Antes que nada debemos recordar que es muy conveniente **reseñar autores y año** de publicación **durante** la **redacción** de los diversos apartados o descriptores. Esto, obviamente, nos obliga a incluirlos en la bibliografía "específica" de cada tema. Por ejemplo, en los temas relacionados con la psicomotricidad (7 – 9 – 10 – 11) recomendamos citar a:

RIGAL, R. (2006). *Educación motriz y educación psicomotriz en Preescolar y Primaria*. INDE. Barcelona.

SASSANO, M. (2015). *El cuerpo como origen del tiempo y del espacio. Enfoques desde la Psicomotricidad*. Miño y Dávila editores. Buenos Aires.
TAMARIT, A. (2016). *Desarrollo cognitivo y motor*. Síntesis. Madrid.

Hay una serie de **documentos legislativos** "obligatorios" porque, entre otras cosas, los hemos debido referir en el examen escrito. Además, debemos reseñar otros **específicos** de los temas. Por ejemplo, si tratamos la "evaluación", debemos anotar la Orden de 4 de noviembre de 2015, por la que se establece la ordenación de la evaluación del proceso de aprendizaje del alumnado de educación Primaria en la Comunidad Autónoma de Andalucía.

La legislación general ya la hemos indicado en el apartado anterior sobre "Introducciones comunes", aunque referida a Andalucía. **Cada persona opositora debe adecuarla a la comunidad autónoma donde se presente**.

WEBGRAFÍA COMÚN A TODOS LOS TEMAS

Hoy día muchas de nuestras fuentes consultadas se encuentran en **Internet**, de ahí que debamos señalar algunas **webs fiables**. Nos inclinamos por revistas electrónicas de prestigio en la didáctica general y en la educación física en particular, así como a los portales de las propias **consejerías** de educación de la comunidades autónomas. Todas ofrecen recursos didácticos, experiencias... y legislación aplicada.

Algunos ejemplos, son:

http://www.agrega2.es
http://recursos.cnice.mec.es/edfisica/
http://www.ite.educacion.es/es/recursos
http://www.educarm.es/admin/recursosEducativos#nogo
www.juntadeandalucia.es/educacion/descargasrecursos/curriculo-primaria/index.html
http://www.gobiernodecanarias.org/educacion/webdgoie/
http://www.educarex.es/web/guest/apoyo-a-la-docencia
http://www.catedu.es/webcatedu/index.php/recursosdidacticos
http://www.adideandalucia.es

TEMA 2

LA EDUCACIÓN FÍSICA EN EL SISTEMA EDUCATIVO: OBJETIVOS Y CONTENIDOS. EVOLUCIÓN Y DESARROLLO DE LAS FUNCIONES ATRIBUIDAS AL MOVIMIENTO COMO ELEMENTO FORMATIVO.

ÍNDICE

INTRODUCCIÓN

1. LA EDUCACIÓN FÍSICA EN EL SISTEMA EDUCATIVO.

2. OBJETIVOS Y CONTENIDOS DEL ÁREA DE EDUCACIÓN FÍSICA.

    2.1. Objetivos.

        2.1.1. Contribución de los objetivos del Área de Educación Física a los de la Etapa Primaria.
        2.1.2. Contribución del área de educación física al desarrollo de las competencias clave.

    2.2. Contenidos.

        2.2.1. Secuenciación de contenidos.

3. EVOLUCIÓN Y DESARROLLO DE LAS FUNCIONES ATRIBUIDAS AL MOVIMIENTO COMO ELEMENTO FORMATIVO.

CONCLUSIONES

BIBLIOGRAFÍA

WEBGRAFÍA

INTRODUCCIÓN.

El título de este Tema se contesta, prácticamente, con el desarrollo y aplicación del R. D. 126/2014 y de los decretos y órdenes de las distintas CC. AA. En nuestro caso, nos centramos en el de Andalucía, D. 97/2015, de 13 de marzo, por el que se establece la ordenación y currículo de las enseñanzas correspondientes a la Educación Primaria de Andalucía, B.O.J.A. nº 50 de 13/03/2015. También en la Orden de 17 de marzo de 2015, por la que se desarrolla el currículo correspondiente a la Educación Primaria en Andalucía, B.O.J.A. nº 60, de 27/03/2015. Asimismo, debemos señalar a la O. ECD/65/2015, de 21 de enero, que describe las relaciones entre competencias, contenidos y criterios de evaluación en Primaria, BOE nº 25 de 29/01/2015.

"La finalidad de la Educación Primaria es facilitar a los alumnos y alumnas los aprendizajes de la expresión y comprensión oral, la lectura, la escritura, el cálculo, la adquisición de nociones básicas de la cultura, y el hábito de convivencia así como los de estudio y trabajo, el sentido artístico, la creatividad y la afectividad, con el fin de garantizar una formación integral que contribuya al pleno desarrollo de la personalidad de los alumnos y alumnas y de prepararlos para cursar con aprovechamiento la Educación Secundaria Obligatoria" LOMCE/2013.

Históricamente numerosos autores han profundizado sobre los objetivos y contenidos de la Educación Física, desde Luis Vives en el siglo XVI a Augusto Pila en el siglo XX, pasando por Amorós, Jovellanos, Pastor, Becerra, Trapiella, Cagigal...

En las últimas décadas del siglo XX hay que destacar la Ley General de Educación (1970), que expresa el carácter obligatorio de la Educación Física en todos los niveles educativos, la Ley de Cultura Física y el Deporte (1980), que ratifica a la anterior y la L.O.G.S.E. (1990), que intenta adecuar la educación de los escolares a la sociedad de finales del siglo XX. En abril de 2006 se aprueba la L.O.E. y en Andalucía se publica la Ley 17/2007, de 10 de diciembre, de Educación (L. E. A.), B. O. J. A. nº 252, de 26/12/2007.

Ya la L.O.G.S.E. dio a la educación física un tratamiento curricular equiparable a la de cualquier otra área y la L. O. E. lo ratificó. Antes, por desgracia, era calificada como "maría" (Blázquez, 2001). Esto es un hecho innegable, además de que desarrolló un marco psicopedagógico más acorde con lo que debe ser el proceso de enseñanza y aprendizaje, así como las funciones que se les asignan a los protagonistas de dicho proceso (Hernández y Velázquez 2004).

En todo caso, el currículo que la Administración educativa presenta supone una relación de **intenciones** para que el alumnado las consiga, como consecuencia de la intervención educativa (Zagalaz, Cachón y Lara, 2014).

Independientemente de todo lo anterior, en Primaria debemos tener en cuenta qué es lo que nuestro alumnado ha hecho en la etapa anterior y lo que harán en Secundaria.

Históricamente al movimiento se le han dado múltiples **funciones**, que siguen de actualidad, y que los docentes no debemos desaprovechar.

1. LA EDUCACIÓN FÍSICA EN EL SISTEMA EDUCATIVO.

Definimos a Educación Física siguiendo a Contreras, (2004), "E*s educar a través de la motricidad. El movimiento no hay que entenderlo como movilización mecánica de* *segmentos corporales, si no como la expresión de percepciones y sentimientos, de tal manera que el movimiento consciente y voluntario es un aspecto significativo de la conducta humana".*

El Sistema Educativo viene definido en la propia LOMCE/2013, en su art. 2 bis:

1. *"A efectos de esta Ley Orgánica, se entiende por Sistema Educativo Español el conjunto de Administraciones educativas, profesionales de la educación y otros agentes, públicos y privados, que desarrollan funciones de regulación, de financiación o de prestación de servicios para el ejercicio del derecho a la educación en España, y los titulares de este derecho, así como el conjunto de relaciones, estructuras, medidas y acciones que se implementan para prestarlo".*

2. *"Las Administraciones educativas son los órganos de la Administración General del Estado y de las Administraciones de las Comunidades Autónomas competentes en materia educativa."*

Siguiendo a la LOMCE/2013, Educación Física es un "**área del bloque de asignaturas específicas**" durante los seis cursos de la etapa. Hay también un bloque de asignaturas **troncales** y otro de asignaturas **específicas**. En el mismo sentido se expresa la O. de 17/03/2015, sobre el desarrollo del currículo en Andalucía.

El R. D. 126/2014, indica que "los elementos curriculares de la programación de la Educación Física pueden estructurarse en torno a cinco situaciones motrices diferentes":

a) Acciones motrices individuales en entornos estables. Por ejemplo, actividades relacionadas con el esquema corporal, atletismo, natación, etc.

b) Acciones motrices en situaciones de oposición. Por ejemplo, actividades de uno contra uno, como tenis de mesa.

c) Acciones motrices en situaciones de cooperación, con o sin oposición. Por ejemplo, iniciación a deportes de equipo, como fútbol-7.

d) Acciones motrices en situaciones de adaptación al entorno físico. Por ejemplo, marcha en naturaleza, esquí, etc.

e) Acciones motrices en situaciones de índole artística o de expresión. Por ejemplo, las actividades de expresión corporal, las danzas, juego dramático, etc.

La propuesta curricular de la Educación Física debe permitir organizar y secuenciar los aprendizajes que tiene que desarrollar el alumnado de Educación Física a lo largo de su paso por el sistema educativo, teniendo en cuenta su momento madurativo del alumnado, la lógica interna de las diversas situaciones motrices, y que hay elementos que afectan de manera transversal a todos los bloques como son las capacidades físicas y las coordinativas, los valores sociales e individuales y la educación para la salud.

Para analizar la **evolución histórica** de la Educación Física en España, seguimos la línea expuesta por Piernavieja (1963) hasta los años sesenta del pasado y siglo, y por Zagalaz (2001), Chinchilla y Zagalaz (2002), Fernández Truán (2005), Paredes (2003), Torrebadella (2013), Zagalaz, Cachón y Lara (2014) y González y Lleixá -coords.- (2015), para periodos posteriores.

Modificando y actualizando a Fernández Truán (2005), dividimos la **evolución** de la Educación Física en el Sistema Educativo en tres grandes periodos, cada uno con una serie de etapas, como podemos observar en esta tabla:

PERIODO	ETAPAS SEGÚN AÑOS	SIGLOS
1	ANTECEDENTES LEJANOS DE LA ED. FÍSICA ESCOLAR	S. XVI - XIX
2	ANTECEDENTES PRÓXIMOS DE LA ED. FÍSICA ESCOLAR 1º Parte: 3 etapas: 1806 a 1961 2ª Parte: 2 etapas: 1961 a 1990	S. XIX – XX
3	ACTUALIDAD. 1ª Politización de la enseñanza. 1990 a 2013 2ª Politización de la enseñanza. 2013 a 2016...	S. XX - XXI

1º Periodo. Antecedentes lejanos. Siglos XVI a XIX.

Hasta el siglo XVIII la educación en general en toda Europa era exclusiva de la clase elitista y no existía un modelo curricular. Hasta entonces podemos **destacar** a:

Siglo XVI

- Luis Vives (1492-1540).- Ensalza al ejercicio físico con finalidad educativa y no militar.
- Cristóbal Méndez (1500-1553 aprox.)- Estudia el ejercicio físico y el juego, sobre todo el de pelota, como elemento decisivo para la salud del practicante.

Siglos XVI a XVIII

- Juan de Mariana (1535-1624).- Jesuita. Indica que la educación debe ir dirigida a mejorar la fuerza del cuerpo y del alma.

A partir de 1759 el Estado asume las competencias educativas como servicio al ciudadano, frente a la autoridad que hasta entonces tenía la iglesia. Pablo de Olavide (1725-1803), ministro de Carlos III, es decisivo. Ya a finales del siglo hay muchos sectores que defienden la incorporación de la educación física al sistema educativo. Destacamos a:

- Melchor de Jovellanos (1744-1810).- Autor especializado en la educación del cuerpo, ensalza a los juegos populares y preconiza un trabajo "natural" basado en careras, saltos, lanzamientos, etc.

Los niveles sociales más elitistas, comienzan a asumir la práctica de actividades físicas como símbolo de distinción, apropiándose de su control organizativo para reglamentarlas y regularlas según sus ideales basados en ideologías altruistas como el "fair-play", caballeresco, o el "amateurismo"; todo lo cual situaba a las clases populares fuera de la órbita del interés y la motivación hacia la práctica de las actividades físico-deportivas.

A finales del siglo XVIII aparecen corrientes de opinión que consideran a la educación como un **derecho** indiscutible de todos los ciudadanos y a través de ellas descubrirán el valor educativo, formativo y social de la práctica de actividades físicas como excelente medio para el logro de disciplina, control, hábitos de esfuerzo, superación, juego limpio, respeto por el perdedor, etc. Esto favorece que desde muchos ámbitos se defendiese su **incorporación** a los ámbitos educativos, con un sentido de utilidad higienista y médico, que mejorase las condiciones de vida de todos los ciudadanos.

Este periodo se caracterizará en nuestro país, por los constantes intentos legislativos de los sucesivos gobiernos, para intentar incorporar y normalizar la práctica obligatoria de la "Gimnástica" en los planes educativos y que está muy influida por las Gimnasia Sueca y Alemana.

2º Periodo. Antecedentes próximos. Siglos XIX y XX.

Piernavieja (1963), establece **dos** grandes segmentos. El **primero** (1806-1961), que lo titula como "**antecedentes próximos de la educación física escolar**", tiene tres etapas. El **segundo** comienza con la publicación de la Ley Elola (1961). Otros autores completan este segundo compuesto por dos etapas y añaden un tercer segmento (1961-1990).

1º Parte:

1ª Etapa: desde 1806 a 1879. Se inaugura Instituto Pestalozziano, dirigido por Amorós. A partir de aquí aparecen los gimnasios donde se hacen, sobre todo, acrobacias. Esto dio lugar a que en 1861 se publicase una Real Orden incorporando la gimnasia en los colegios de Segunda Enseñanza, así como la creación de los espacios adecuados, aunque en realidad no se construyeron gimnasios escolares. En este periodo destacan estos autores:

- Francisco Amorós (1767-1848).- Funda el Real Instituto Militar Pestalozziano de Madrid. Este centro es de los primeros dedicados a la preparación de alumnos con especialización en la Gimnástica. Es de gran contenido militar y, al huir a Francia, incorpora allí sus enseñanzas.

- Francisco de Aguilera (1817-1867).- Su trabajo, influido por Amorós, se centra en que la Gimnástica tuviese peso en la enseñanza y sociedad de su tiempo.

- Nicomedes Pastor Díaz (1811-1863).- Por primera vez incluye la Gimnástica como disciplina escolar, aunque más tarde el ministro de Instrucción Pública, Juan Bravo Murillo, la anula.

- Eduardo Chao (1821-1887).- Elabora el "Plan de Segunda Enseñanza". Aquí se establecen las cátedras de "Gimnástica Higiénica" para impartir clase en los Institutos.

- Manuel Becerra y Bermúdez (1823-1896).- Promueve la Educación Física con tintes de "gimnasia militar", a nivel político, en el Congreso. Se sirve de las comparaciones con otros países europeos más desarrollados.

A partir de la fundación de la Institución Libre de Enseñanza (I.L.E.) en 1876, surgen en nuestro país sectores sociales que desean **modificar** la consideración existente sobre la práctica de la Gimnástica, y que adoptan la Educación Física como una de sus prioridades educativas para favorecer la salud de las clases populares.

2ª Etapa: desde 1879 hasta la Guerra Civil. En 1879, la Proposición de Ley del 10 de Julio, declara obligatoria la Gimnasia Higiénica en los Institutos de Segunda Enseñanza y en las Escuelas Normales de Maestros. Se crean la E. Central de Gimnástica (1887) y la E. Central de Gimnasia del Ejército (1919). Ya en 1933 la Escuela de Educación Física de la U. de Madrid (hoy U. Complutense).

Durante el siglo XIX cabe destacar también que, salvo excepciones, la gimnasia va dirigida al varón, al contrario que en otros países europeos. No obstante, en los primeros JJ.OO. de Atenas-1896, también todas las pruebas eran masculinas debido a que el barón Pierre de Coubertin no creía en el binomio mujer-deporte. Después cedió a que participase en pruebas muy concretas. Destacamos a:

- Álvaro de Figueroa y Torres, Conde de Romanones (1863-1950). Establece el R.D. de 1901 donde figura la Gimnasia como una asignatura más, obligatoria, en los seis años de Bachillerato. La imparten los profesores de Gimnasia. Esta realidad llega hasta la Guerra Civil.

3ª Etapa: desde la Guerra Civil a la Ley Elola (1961). En 1938, dentro de la zona franquista, se promulga la ley que introduce a la gimnástica como asignatura obligatoria en Bachillerato. Finalizada la guerra, la enseñanza de la gimnástica es asumida por el Frente de Juventudes. La Ley Elola Olaso (1961), inicia el 2º Periodo.

2º Parte:

1ª Etapa: desde Ley Elola (1961) hasta la Constitución (1978). La Ley 77/61 (Ley Elola) sobre Educación Física, de 23/12/1961, crea los INEFs, (1ª Promoción, 1967-1971) aunque dependiente de la D.N.D. Se inicia el camino de la normalización, que culmina con la LOGSE. En los sesenta comienza la expansión económica que consolida las estructuras de **clubes deportivos** como unidad asociativa. Sigue sin existir currículum oficial, por lo que en centros masculinos se enseña deporte y se practica la "gimnasia militar-analítica" y en los femeninos la "rítmica y juegos populares". Pero la Ley Elola recoge que la Educación Física es una materia fundamental y obligatoria en la enseñanza. Con la Ley General de Educación (1970), que indica la **obligatoriedad** de la Educación Física en todos los niveles educativos, se inicia el proceso de cambio definitivo de la "Gimnasia" hacia la "Educación Física".

2ª Etapa: desde la Constitución (1978) hasta la LOGSE (1990). Este periodo se identifica por la aprobación de la Constitución (1978) y los ayuntamientos democráticos. Supone un profundo cambio político que también afecta al ámbito educativo. La Educación Físico-deportiva pasa a ser un derecho de todos los españoles y una preocupación constante en todos los programas de actividades ciudadanas. Aparecen campañas publicitarias de "Deporte para Todos"; "Andar y Trotar", "Haga usted Deporte", etc. Los ayuntamientos inician las Escuelas Deportivas Municipales, las de Actividades Físicas para Adultos y Tercera Edad, etc., que amplían la oferta de actividades extraescolares como complemento a las enseñanzas lectivas.

Poco a poco va desterrándose la idea de la "gimnasia sueca" y sus "tablas" y empiezan a entrar nuevas corrientes, como la Psicomotricidad/Psicocinética, la Educación Física de Base, la Gimnasia Natural Austríaca, la Corriente Expresiva, la Condición Física con el "Concepto Rendimiento", el "Método Pila Teleña" con su Concepto Multideportivo y, al final del período, los "Juegos Alternativos", entre otros. **Destacamos** a:

- **Ley General de Educación** (1970). Respalda el carácter obligatorio de la asignatura en todos los niveles de la enseñanza (Ley Villar Palasí).
- **Ley de Cultura Física y el Deporte** (1980). Refrenda la obligatoriedad anterior, actualiza y normaliza su estatus. Deja muy claro que su ordenación corresponde al Ministerio de Educación.
- La Ley Orgánica 8/1985, de 3 de julio, reguladora del derecho a la educación (**L.O.D.E.**), desarrolla la Constitución de 1978 y reconoce el derecho a la

educación de todos los españoles, sin exclusión.

- En **Europa**, las investigaciones sobre la motricidad tuvieron gran importancia durante el siglo XX. El detonante fueron, entre otras, las teorías de Wallon y Piaget. A partir de aquí surgieron numerosos estudios e investigaciones. Ajuriaguerra y Le Boulch son dos de los múltiples ejemplos.

- En 1980 se promulga la Ley General de Cultura Física y del Deporte, que reconoce el nivel universitario de los estudios de la E. Física. Todos los cambios se concretan en la **L.O.D.E.**/1985 y la **L.O.G.S.E.**/1990, donde el área de E. Física se reconoce y consolida como materia común en todas las etapas, siendo parte fundamental de la educación integral. El concepto anterior de **educación física/rendimiento** deja paso al de **educación física/salud**.

3º Periodo. Actualidad. Politización de la enseñanza (1990-2016...)

1ª Politización de la enseñanza (1990-2013).

- El **siglo XX** termina con la publicación de la LOGSE/1990 y los diferentes documentos legislativos que la desarrollan. El Decreto 105/1992 y la Orden 05/11/1992, son lo dos grandes referentes legislativos de la Etapa Primaria en Andalucía, para desarrollar la LOGSE/1990.

- El **siglo XXI** se inicia con la Ley Orgánica 10/2002, de 23 de diciembre, de Calidad de la Educación (**L.O.C.E./2002**), B. O. E. nº 307, de 24/12/2002, promovida por el gobierno del P. Popular. Tuvo una presencia poco significativa, fundamentalmente por motivos políticos. La sustituye cuatro años después la **L.O.E./2006**, propiciada por el gobierno socialista.

- La Ley Orgánica 2/2006, de 3 de mayo, de Educación (**L.O.E.**) es publicada en el B.O.E. nº 106, de 04/05/2006, tras muchas vicisitudes. Se publica el R.D. 1513/2006, de 7 de diciembre, que la desarrolla, por el que se establecen las Enseñanzas Mínimas de la Educación Primaria, B.O.E. nº 293, de 8/12/2006. En Andalucía se publica el Decreto 230/2007, de 31 de julio, por el que se establece la ordenación y las enseñanzas correspondientes a la Educación Primaria en Andalucía, B.O.J.A. nº 156, de 08/08/2007 y la Orden de 10 de agosto de 2007, por la que se desarrolla el currículo correspondiente a la Educación Primaria en Andalucía, BOJA nº 171, de 30/08/2007. **Destacamos** algunos detalles:

    o La L.O.E./2006 incluye a las **Competencias Básicas** (CC. BB., hoy "*competencias clave*") como **nuevos componentes del currículum**, por cuanto debe permitir caracterizar de manera precisa los contenidos básicos que debe alcanzar todo el alumnado al final de la Educación Básica (Contreras, 2010).

    o La contribución del Área de Educación Física al logro de las Competencias.

    o La importancia que la sociedad actual da al cuerpo.

    o El área de Educación Física tiene la responsabilidad de formar al alumnado para que tenga un ocio responsable y constructivo y para mejorar su calidad de vida.

    o Los ejes básicos de la acción educativa son el cuerpo y el movimiento.

- o El valor que tiene el juego a la hora de relacionarse con los demás en un marco de participación e integración.
- o Conocimiento corporal vivenciado, así como sus posibilidades lúdicas, expresivas y de comunicación.
- o Ligazón entre el desarrollo motor, cognitivo, afectivo y social.
- o La educación corporal incluye a lo perceptivo-motor, expresión, comunicación, afectividad y a los aspectos cognitivos.
- o Progresión en la construcción de la habilidad motriz desde las perceptivas a las específicas o deportivas, pasando por las básicas.
- o Atención a la diversidad.
- o Metodología lúdica, individualizada, activa y cooperativa, atendiendo a la evolución e intereses del alumnado.
- o Conseguir hábitos saludables duraderos sobre alimentación, conservación del medio ambiente, relación de trabajo/descanso, higiene corporal, etc.
- o Evitar la discriminación y la formación de estereotipos sexistas.
- o El juego y el deporte como formas más habituales de entender la Educación Física, de ahí que debamos aprovecharlo. Precisamente, la O. de 06/04/2006 de la C. E. J. A. regula la organización y funcionamiento de los centros docentes públicos autorizados para participar en el programa "**El deporte en la escuela**". Por su parte, la O. 03/08/2010, regula los servicios complementarios de la enseñanza de aula matinal, comedor escolar y actividades extraescolares en los centros docentes públicos, así como la ampliación de horario. BOJA núm. 158 de 12/08/2010.

- Debemos nombrar la **Ley 17/2007**, de 10 de diciembre, de Educación de Andalucía (**L.E.A.**), B.O.J.A. nº 252, de 26/12/07, que regula las materias no básicas de la L.O.E. y que son competencias de la Comunidad. De su lectura se desprenden detalles tales como mejorar la calidad del sistema educativo, dotarlo de los medios necesarios para alcanzar los objetivos educativos que se ha trazado la Unión Europea y el Programa Nacional de Reformas de España. Pretende ser un impulso para la modernización de la Educación que ya está en marcha, como el Plurilingüismo, la incorporación de las TIC y la expansión del Plan de Apertura de los Centros. Por otro lado, también hay que destacar la autonomía pedagógica y organizativa de los centros.

- También es preciso señalar el Decreto 328/2010, de 13 de julio, por el que se aprueba el ROF, BOJA nº 139, y la Orden de 20 de agosto de 2010, por la que se regula la organización, funcionamiento y horarios de los centros, BOJA nº 169, de 30/08/2010.

- La enseñanza apoyada en medios **multimedia** está presente en nuestras escuelas desde los primeros años del siglo XXI. Podemos considerarlo como un aprendizaje emergente que se desarrolla y multiplica cada curso. Algunos ejemplos son las plataformas educativas, las e-learning, las WebQuest, los Blogs, las "wikis", etc.

- Vizuete (2002) señala, como prospectiva sobre el futuro de la Educación Física en la Unión Europea, la necesidad de otorgar un mayor peso en los currícula hacia contenidos relacionados con la salud y la calidad de vida, orientado desde una formación de valores.

2ª Politización de la enseñanza (2013-2016...)

Es opinión generalizada que la enseñanza, en todos sus niveles, está muy **politizada**. Cada autonomía tiene competencias para adaptar el currículo general, en un porcentaje variable a las características de la misma, pero en muchas ocasiones ésta se hace casi total.

Cada partido político tiene su "propia ley" y, en este sentido, tras la victoria en las urnas del P. Popular en 2011, surge una nueva ley, la LOMCE/2013 o "Ley Wert".

- Como **respuesta política** al anterior gobierno y a su ley educativa (LOE/2006), se publica la Ley Orgánica 8/2013 de 9 de diciembre, para la Mejora de la Calidad Educativa (L.O.M.C.E.), conocida también como "ley Wert" (BOE nº 295, de 10/12/2013). En realidad, y siguiendo a su *"artículo único"* (pág. 97866), se trata de una **modificación** de una serie de artículos de la LOE/2006). Provoca numerosas protestas, huelgas, manifestaciones, etc. Fue **recurrida**, entre otros por el gobierno de Andalucía, al Tribunal Constitucional aunque con **resultado negativo**. Se desarrolla por el R. D. 126/2014, de 28 de febrero, por el que se establece el currículo básico de Educación Primaria.

La polémica que causa esta ley en la sociedad se ve acusada por mor de la crisis económica. Muchos planes y programas educativos que impulsó la L.O.E./2006 se vieron recortados y suspendidos. En realidad se trata de una modificación de determinados artículos de la LOE/2006 y producto de ello se publica la "**LOE refundida**" o "**texto consolidado**", a fecha de 29/07/2015 (última actualización).

En cualquier caso, no debemos olvidar una **innovación y reconocimiento** a lo que representa nuestra área, por lo expresado por la LOMCE/2013, en su disposición adicional cuarta sobre "*promoción de la actividad física y dieta equilibrada*". "*Las administraciones educativas adoptarán medidas para que la **actividad física y la dieta equilibrada** formen parte del comportamiento infantil y juvenil. A estos efectos, dichas Administraciones promoverán la **práctica diaria de deporte y ejercicio físico** por parte de los alumnos y alumnas durante la jornada escolar, en los términos y condiciones que, siguiendo las recomendaciones de los organismos competentes, garanticen un desarrollo adecuado para favorecer una vida activa, saludable y autónoma. El diseño, coordinación y supervisión de las medidas que a estos efectos se adopten en el centro educativo, serán asumidos por el **profesorado con cualificación** o especialización adecuada en estos ámbitos*".

2. OBJETIVOS Y CONTENIDOS DEL ÁREA DE EDUCACIÓN FÍSICA.

Si aplicamos al área lo que el R. D. 126/2014 indica de forma general, el **currículo** de Educación Física está compuesto por el conjunto de competencias clave, **objetivos, contenidos**, métodos pedagógicos, los estándares y resultados de aprendizajes evaluables y criterios de evaluación del grado de adquisición de las competencias y del logro de los objetivos del área. Este mismo R. D. define el currículo como "*la regulación de los elementos que determinan los procesos de enseñanza y aprendizaje para cada una de las enseñanzas y etapas educativas*".

2.1. OBJETIVOS.

Los objetivos son las **intenciones** que sustentan el diseño y la realización de las actividades necesarias para la consecución de las grandes finalidades educativas, nos guían los procesos de enseñanza-aprendizaje, y nos ayudan en la organización educativa. También podemos entenderlos como los **cambios** esperados en el comportamiento del alumnado como consecuencia de la actividad docente y son la guía del proceso de enseñanza-aprendizaje. El R.D. 126/2014, los define como "*referentes relativos a los logros que el alumno debe alcanzar al finalizar el proceso educativo, como resultado de las experiencias de enseñanza-aprendizaje intencionalmente planificadas a tal fin*". En suma, un objetivo describe la **conducta que esperamos obtener** de un alumno al término de un periodo de enseñanza: etapa, ciclo, curso, unidad o sesión. Están muy vinculados a las competencias, criterios de evaluación y resultados de aprendizaje (Zagalaz, Cachón y Lara, 2014).

El alumnado debe conseguirlos a lo largo de la Etapa y son específicos del área, siendo responsables los maestros y maestras especialistas que la impartan (Viciana, 2002). Los objetivos que indica para el área/asignatura de Educación Física, la O. 17/03/2015, por la que se desarrolla el currículo correspondiente a la Educación Primaria en Andalucía, BOJA nº 60, de 27/03/2015, son:

O.EF.1. Conocer su propio cuerpo y sus posibilidades motrices con el espacio y el tiempo, ampliando este conocimiento al cuerpo de los demás.

O.EF.2. Reconocer y utilizar sus capacidades físicas, habilidades motrices y conocimiento de la estructura y funcionamiento del cuerpo para el desarrollo motor mediante la adaptación del movimiento a nuevas situaciones de la vida cotidiana.

O.EF.3. Utilizar la imaginación, creatividad y la expresividad corporal a través del movimiento para comunicar emociones, sensaciones, ideas y estados de ánimo, así como comprender mensajes expresados de este modo.

O.EF.4. Adquirir hábitos de ejercicio físico orientados a una correcta ejecución motriz, a la salud y al bienestar personal, del mismo modo, apreciar y reconocer los efectos del ejercicio físico, la alimentación, el esfuerzo y hábitos posturales para adoptar actitud crítica ante prácticas perjudiciales para la salud.

O.EF.5 Desarrollar actitudes y hábitos de tipo cooperativo y social basados en el juego limpio, la solidaridad, la tolerancia, el respeto y la aceptación de las normas de convivencia ofreciendo el diálogo en la resolución de problemas y evitando discriminaciones de género, culturales y sociales.

O.EF.6. Conocer y valorar la diversidad de actividades físicas, lúdicas, deportivas y artísticas como propuesta al tiempo de ocio y forma de mejorar las relaciones sociales y la capacidad física y además teniendo en cuenta el cuidado del entorno natural donde se desarrollen dichas actividades.

O.EF.7. Utilizar las TIC, como recurso de apoyo al área, para acceder, indagar y compartir información relativa a la actividad física y el deporte.

Entendemos que toda persona opositora en esta especialidad debe saber y dominar los objetivos de área, porque en realidad es lo que el conjunto de su alumnado debe conseguir al final de la etapa. No obstante, los autores tenemos experiencia en el sentido que algunos de nuestros preparados prefieren, a la hora de memorizarlos, partir de un recordatorio "flash" o palabras clave similares al que ahora exponemos, y que le recuerden el enunciado de los mismos, de ahí que lo incluyamos para ayudar al estudio.

Nº	OBJETIVO
O.EF.1	Conocimiento corporal, espacial y temporal en sí mismo y los demás.
O.EF.2	Usar capacidades físicas y habilidades motrices para adaptar el movimiento a cada situación.
O.EF.3	Usar expresión corporal en la comunicación.
O.EF.4	Actividad física para el bienestar, higiene, alimentación, hábitos posturales y saludables.
O.EF.5	Participar en actividades físicas cooperando y respetando a los demás, uso del juego limpio y evitar cualquier discriminación.
O.EF.6	Diversidad de actividades para el tiempo de ocio, las relaciones y cuidado del entorno.
O.EF.7	Uso de las TIC para conocer la actividad física y deporte.

Independientemente de ello, el D. 97/2015, de 3 de marzo, BOJA nº 50, de 13/03/2015, por el que se establece la ordenación y el currículo de la educación Primaria en la comunidad Autónoma de Andalucía, nos indica sobre la etapa Primaria:

Art. 4. Objetivos:

La Educación Primaria contribuirá a desarrollar en el alumnado las capacidades, los hábitos, las actitudes y los valores que le permitan alcanzar, además de los objetivos enumerados en el artículo 17 de la Ley Orgánica 2/2006, de 3 de mayo, los siguientes:

a) Desarrollar la confianza de las personas en sí mismas, el sentido crítico, la iniciativa personal, el espíritu emprendedor y la capacidad para aprender, planificar, evaluar riesgos, tomar decisiones y asumir responsabilidades.
b) Participar de forma solidaria, activa y responsable, en el desarrollo y mejora de su entorno social y natural.
c) Desarrollar actitudes críticas y hábitos relacionados con la salud y el consumo responsable.
d) Conocer y valorar el patrimonio natural y cultural y contribuir activamente a su conservación y mejora, entender la diversidad lingüística y cultural como un valor de los pueblos y de las personas y desarrollar una actitud de interés y respeto hacia la misma.
e) Conocer y apreciar las peculiaridades de la modalidad lingüística andaluza en todas sus variedades.
f) Conocer y respetar la realidad cultural de Andalucía, partiendo del conocimiento y de la comprensión de la misma como comunidad de encuentro de culturas.

Art. 5, punto 5, *sobre determinación y principios para la determinación del currículo en Andalucía:*

La Educación Primaria contribuirá a desarrollar en el alumnado las capacidades que le permita alcanzar, además de los objetivos enumerados en el artículo 17 de la ley Orgánica 2/2006, de 3 de mayo, los siguientes:

a) La prevención y resolución pacífica de conflictos, así como los valores que preparan al alumnado para asumir una vida responsable en una sociedad libre y democrática.
b) La adquisición de hábitos de vida saludable que favorezcan un adecuado bienestar físico, mental y social.
c) La utilización responsable del tiempo libre y del ocio, así como el respeto al medio ambiente.

d) La igualdad efectiva entre mujeres hombres, la prevención de la violencia de género y la no discriminación por cualquier condición personal o social.

e) El espíritu emprendedor a partir del desarrollo de la creatividad, la autonomía, la iniciativa, el trabajo en equipo, la autoconfianza y el sentido crítico.

f) La utilización adecuada de las herramientas tecnológicas de la sociedad del conocimiento.

Estos son los llamados "**objetivos de Andalucía**", que deben **citar** quienes opositen en esta Comunidad. A cada uno podemos contribuir desde nuestra área. Por ejemplo, a través del juego, de las actividades en el medio natural, de la expresión corporal y del juego popular, tradicional y autóctono.

2.1.1. CONTRIBUCIÓN DE LOS OBJETIVOS DEL ÁREA DE EDUCACIÓN FÍSICA A LOS DE LA ETAPA PRIMARIA.-

Todas las áreas tienen que contribuir para conseguir al final de la Etapa Primaria el nivel adecuado de las CC. Clave y los objetivos mínimos propuestos por la Consejería (Expósito, 2010). En este y otros temas comentamos la importancia e influencia del Área de Educación Física en puntos tan transcendentales como son los aprendizajes **básicos** escolares, las **relaciones** socio-afectivas, los **hábitos** saludables, etc. (Rodríguez García, 2006).

De los catorce Objetivos de Etapa, ponemos algunos ejemplos donde se aprecia claramente esta contribución (R. D. 126/2014):

- Objetivo de etapa "**k**": "*Valorar la higiene y la salud, aceptar el propio cuerpo y el de los otros, respetar las diferencias y utilizar la educación física y el deporte como medios para favorecer el desarrollo personal y social*".
    - Está relacionado con el "**4**": "*Adquirir hábitos de ejercicio físico orientados a una correcta ejecución motriz, a la salud y al bienestar personal...*"

- Objetivo de etapa "**c**": "*Adquirir habilidades para la prevención y para la resolución pacífica de conflictos, que les permitan desenvolverse con autonomía en el ámbito familiar y doméstico, así como en los grupos sociales con los que se relacionan*".
    - Está conectado con el "**5**": "*Desarrollar actitudes y hábitos de tipo cooperativo y social basados en el juego limpio, la solidaridad, la tolerancia...*"

- Objetivo de etapa "**j**": "*Utilizar diferentes representaciones y expresiones artísticas e iniciarse en la construcción de propuestas visuales*".
    - Está relacionado con el "**3**": "*Utilizar la imaginación, creatividad y la expresividad corporal a través del movimiento para comunicar emociones...*"

Además, podemos citar al "**h**", sobre el conocimiento del entorno natural, social y cultural; el "**m**", sobre el desarrollo de las capacidades afectivas y las relaciones con los demás.

2.1.2. CONTRIBUCIÓN DEL ÁREA DE EDUCACIÓN FÍSICA AL DESARROLLO DE LAS COMPETENCIAS CLAVE.

El **enfoque** basado en las "competencias" es de reciente adopción en el currículum escolar y se corresponde con un planteamiento más amplio promovido desde los organismos educativos internacionales con el nombre de "***competencias clave***" (Pérez Gómez, 2007). La mirada competencial constituye una perspectiva vinculada al constructivismo, a las alternativas globalizadoras y a las técnicas para aprender a aprender (Sánchez Garrido y Córdoba, 2010). Desde este planteamiento, la educación debe contribuir a reforzar la competitividad y el dinamismo, así como la cohesión social (Blázquez, 2009). La competencia «supone una combinación de habilidades prácticas, conocimientos, motivación, valores éticos, actitudes, emociones, y otros componentes sociales y de comportamiento que se movilizan conjuntamente para lograr una acción eficaz». Se contemplan, pues, como conocimiento en la práctica, es decir, un conocimiento adquirido a través de la participación activa en prácticas sociales y, como tales, se pueden desarrollar tanto en el contexto educativo formal, a través del currículo, como en los contextos educativos no formales e informales (O. ECD/65/2015).

La legislación de referencia, como la LOMCE/2013, indica que las competencias "*son capacidades para aplicar los contenidos con el fin de lograr la realización de actividades y la resolución de problemas*". Precisamente, el R.D. 126/2014 se "*basa en la potenciación del aprendizaje por competencias, integradas en los elementos curriculares para propiciar una renovación en la práctica docente y en el proceso de enseñanza y aprendizaje*". "*La competencia supone una combinación de habilidades prácticas, conocimientos, motivación, valores éticos, actitudes, emociones y otros componentes sociales y de comportamiento que se movilizan conjuntamente para lograr una acción eficaz*".

"*El **trabajo por competencias** se basa en el diseño de tareas motivadoras para el alumnado que partan de situaciones-problema reales y se adapten a los diferentes ritmos y estilos de aprendizaje de cada alumno y alumna, favorezcan la capacidad de aprender por sí mismos y promuevan el trabajo en equipo, haciendo uso de métodos, recursos y materiales didácticos diversos*" (O. 17/03/2015).

Este mismo R. D. 126/2014, indica que "*las competencias clave son aquellas que todas las personas precisan para su realización y desarrollo personal, así como para la ciudadanía activa, la inclusión social y el empleo*». Se identifican **siete competencias clave** *esenciales para el bienestar de las sociedades europeas, el crecimiento económico y la innovación, y se describen los conocimientos, las capacidades y las actitudes esenciales vinculadas a cada una de ellas*". "*El aprendizaje basado en competencias se caracteriza por su transversalidad, su dinamismo y su carácter integral*".

En otras palabras, los **aprendizajes imprescindibles** que debe tener el alumnado al final de Secundaria (Contreras y Cuevas, 2011), o como la O. ECD/65/2015 indica: "*las competencias clave son aquellas que todas las personas precisan para su realización y desarrollo personal, así como para la ciudadanía activa, la inclusión social y el empleo*". En cambio, Zabala Y Arnau (2007) consideran competencia "*cualquier acción eficiente a la hora de resolver problemas en situaciones y contextos determinados*".

Así pues, los objetivos, y también el resto de los componentes curriculares, están muy relacionados con las CC. Clave, de ahí la inclusión de este apartado del Tema.

RELACIÓN ENTRE LAS COMPETENCIAS Y EL ÁREA DE ED. FÍSICA. CONCEPTOS "CLAVE"
1.º Comunicación lingüística.
Importancia para el conocimiento del lenguaje específico de los términos físicos y deportivos. Posibilidad de infinidad de intercambios comunicativos.
2.º Competencia matemática y competencias básicas en ciencia y tecnología
Mejora de esta competencia por la práctica de los contenidos propios del área. Por ejemplo: dominio del espacio y nociones de orden, líneas, formas volumétricas, figuras, conteo, cantidades, cálculos porcentuales y operaciones matemáticas de distancias, datos estadísticos, etc. Adaptación del propio cuerpo al medio. Conocimiento de la naturaleza y su interacción.
3.º Competencia digital.
Habilidades necesarias para buscar, seleccionar, tratar y transformar la información en Internet y otros medios multimedia, de una forma objetiva y productiva, para que dominen el conocimiento de forma autónoma, funcional y segura. Crear conocimiento en diferentes lenguajes, realizar proyectos, solucionar problemas y tomar decisiones en entornos digitales, producir conocimiento y publicarlo a través de uso de herramientas de edición digital, usar las TIC como instrumento creativo y de innovación, Trabajar con eficacia con contenidos digitales en contextos virtuales de enseñanza – aprendizaje, etc.
4.º Aprender a aprender.
Habilidades para iniciarse en el aprendizaje y ser capaz de continuar aprendiendo de manera cada vez más eficaz y autónoma habilidades más complejas. Adquirir conciencia de las propias capacidades (físicas, intelectuales, emocionales), del proceso y las estrategias necesarias para desarrollarlas, así como de lo que se puede hacer por uno mismo y de lo que se puede hacer con ayuda de otras personas o recursos. Conocer sus potencialidades y carencias, sacando provecho de las primeras y teniendo motivación y voluntad para superar las segundas desde una expectativa de éxito, aumentando progresivamente la seguridad para afrontar nuevos retos de aprendizaje. Por ejemplo, en aprender juegos, deportes, estrategias para la mejora de la condición física-salud, etc. genera autoconfianza.
5.º Competencias sociales y cívicas.
Relacionarse con los demás a través del juego en grupo, por lo que trabajamos las percepciones corporales, espaciales y temporales, además de valores como respeto, interrelación, cooperación y solidaridad. En suma, las habilidades sociales y el respeto a las reglas y a los demás. Cumplir las normas de los juego supone la aceptación de códigos de conducta para la convivencia, acudiendo al diálogo cuando ocurra algún conflicto. La actividad física como medio de prácticas para un estilo de vida saludable. Crítica a los malos hábitos de sedentarismo, alcohol, tabaco, etc.
6.º Sentido de iniciativa y espíritu emprendedor.
Auto superación y actitud positiva en la organización actividades. Toma de decisiones de forma autónoma.
7.º Conciencia y expresiones culturales.
Posibilidades y recursos corporales: expresión corporal, danza, deportes, juegos populares, tradicionales y otros. Valoración de la diversidad cultural. El fenómeno deportivo como espectáculo: reflexión y análisis crítico a la violencia que en él se produce.

Para una adquisición eficaz de las competencias y su integración efectiva en el currículo, deberán diseñarse actividades de aprendizaje integradas que permitan al alumnado avanzar hacia los resultados de aprendizaje de más de una competencia al mismo tiempo.

Se potenciará el desarrollo de las competencias Comunicación lingüística, Competencia matemática y competencias en ciencia y tecnología" (R.D. 126/2014).

Las competencias deben estar **integradas** en las áreas o materias y explicitarse y **desarrollarse** suficientemente los resultados de aprendizaje que el alumnado debe conseguir (O. ECD/65/2015).

2.2. CONTENIDOS.

Se refiere a los objetos de enseñanza-aprendizaje que la sociedad considera útiles y necesarios para promover el desarrollo personal y social del individuo. En realidad, son informaciones que permitirán, una vez comprendidas, dominadas y practicadas, alcanzar los objetivos propuestos.

La **LOMCE/2013** los define como *"conjunto de conocimientos, habilidades, destrezas y actitudes que contribuyen al logro de los objetivos y la adquisición de competencias. Se ordenan en asignaturas..."*

Podemos resumir que "es la **materia** que debemos enseñar" o los "medios para hacer realidad a los objetivos". En cualquier caso, los contenidos dejan de tener **fin en sí mismos** y se convierten en los medios para conseguir los objetivos propuestos.

Su referente es **qué enseñar**, la **materia**, temas o nociones, en orden ascendente y progresivo (Gil, 2007). El docente presenta agrupados los que considera más apropiados para desarrollar las capacidades indicadas en los objetivos. Tras la publicación de la LOE/2006, pasaron a ser el **tercer elemento curricular**, tras las CC. Clave y los objetivos.

Viciana (2002), los define como *"un subconjunto de la realidad cultural total, seleccionados por las áreas curriculares y sus docentes para contribuir al desarrollo y consecución de los objetivos de etapa y área, a través de conceptos, procedimientos y actitudes desarrolladas en el medio escolar"*.

La legislación actual nos dice que su **tratamiento** es **globalizado**.

Con la presentación de los contenidos en agrupaciones, se pretende hacer una descripción de los aspectos relevantes que se tratarán en esta etapa (Fernández García -coord.-, 2002).

La O. 17/03/2015, por la que se desarrolla el currículo correspondiente a la Educación Primaria en Andalucía, BOJA nº 60, de 27/03/2015, indica que para **alcanzar las competencias** en el área de Educación física, los contenidos se **organizan** en torno a **cuatro bloques**:

- **Bloque 1**, *"El cuerpo y sus habilidades perceptivo motrices"*: desarrolla los contenidos básicos de la etapa que servirán para posteriores aprendizajes más complejos, donde seguir desarrollando una amplia competencia motriz. Se trabajará la autoestima y el autoconocimiento de forma constructiva y con miras a un desarrollo integral del alumnado.

- **Bloque 2**, *"La Educación física como favorecedora de salud"*: está centrado en la consolidación de hábitos de vida saludable, de protocolos de seguridad antes, durante y después de la actividad física y en la reflexión cada vez más autónoma frente a hábitos perjudiciales. Este bloque tendrá un claro componente transversal.

- **Bloque 3**, "*La Expresión corporal: expresión y creación artística*": se refiere al uso del movimiento para comunicarse y expresarse, con creatividad e imaginación.

- **Bloque 4**, "*El juego y el deporte escolar*": desarrolla contenidos sobre la realización de diferentes tipos de juegos y deportes entendidos como manifestaciones culturales y sociales de la motricidad humana. El juego, además de ser un recurso recurrente dentro del área, tiene una dimensión cultural y antropológica.

Cada uno de los tres ciclos tiene 105 horas totales, que en la práctica se traducen en dos sesiones de cuarenta y cinco minutos cada una a la semana, en cada uno de los seis cursos. En otros centros se programa una hora/semana en el 1º curso del ciclo y dos horas/semana en 2º curso del ciclo.

En cualquier caso, todas las **programaciones** de todas las áreas incluirán actividades en las que el alumnado deberá **leer**, **escribir** y **expresarse** de forma oral (D. 328/2010).

En la siguiente tabla vemos un resumen "flash" relacionando cada bloque con los contenidos más concretos a tratar, por si la persona lectora desea estudiarlo mejor así.

BLOQUE	RESUMEN DE CONTENIDOS
1, El cuerpo y sus habilidades perceptivo motrices.	Sensomotricidad. Esquema corporal. Lateralidad. Relajación. Respiración. Postura. Equilibrio. Percepción de espacio y tiempo. Habilidades y destrezas básicas. Problemas motores. Condición física como factor de ejecución de la habilidad motriz.
2. La Educación física como favorecedora de la salud.	Higiene. Alimentación. Normas y seguridad en uso de los recursos. Prevención lesiones. Postura. Calentamiento. Relajación
3. La expresión corporal: expresión y creación artística.	Expresión corporal. Ritmo. Juego corporal. Baile.
4. El juego y el deporte escolar	Juego en general: simple, popular, etc. Iniciación deportiva: estrategias, normas, esfuerzos, etc.

Independientemente de ello, el D. 97/2015, de 3 de marzo, BOJA nº 50, de 13/03/2015, por el que se establece la ordenación y el currículo de la Educación Primaria en la comunidad Autónoma de Andalucía, nos indica en su art. 5, punto 6:

El currículo incluirá **contenidos propios de Andalucía**, relacionados con:

a) El conocimiento y el respeto a los valores recogidos en el Estatuto de Autonomía para Andalucía.

b) El medio natural, la historia, la cultura y otros hechos diferenciadores de nuestra Comunidad para que sean conocidos, valorados y respetados como patrimonio propio, en el marco de la cultura española y universal.

2.2.1. SECUENCIACIÓN DE CONTENIDOS.

"La secuenciación es el ordenamiento de los contenidos de menor a mayor dificultad, así como la prioridad en el tratamiento de unos con respecto a otros para facilitar su captación o dominio al alumnado" (Gil, 2007).

La lógica interna del Área va a determinar el orden de trabajo de los contenidos:

- De movimientos con menos elementos coordinativos a otros más complejos.
- Priorizar las habilidades básicas antes que las genéricas y específicas.
- Pasar del juego simple a otros de índole deportiva.
- Priorizar las habilidades perceptivas más básicas antes que otras más compuestas.

Zagalaz, Cachón y Lara (2014), añaden:

- Respetar el momento evolutivo y de desarrollo físico propio de cada uno de los cursos
- Adecuar los contenidos a las experiencias previas del alumnado
- Mantener las secuencias de aprendizaje específicas de los contenidos incluidos en cada uno de los bloques del área

La O. 17/03/2015, por la que se desarrolla el currículo correspondiente a la Educación Primaria en Andalucía, BOJA nº 60, de 27/03/2015, expone para cada bloque y ciclo un ejemplo de secuenciación de contenidos.

En cualquier caso, debemos secuenciarlos siguiendo estas pautas:

- De los más generales a los más específicos.
- De los más concretos a los más abstractos.
- De los más simples a los más complejos.

3. EVOLUCIÓN Y DESARROLLO DE LAS FUNCIONES ATRIBUIDAS AL MOVIMIENTO COMO ELEMENTO FORMATIVO.

Las **funciones del movimiento**, es decir, ¿para qué nos sirve el movimiento?, son variables y dependen de las **intenciones** educativas que cada educador considere más interesante en cada **momento**.

Movimiento significa **cambio**, **variación** y **desplazamiento** del todo corporal o de sus partes. La energía para realizarlo proviene de la **fuerza muscular** que se produce en la **contracción**.

La **evolución** de las funciones a lo largo de la Historia podemos **resumirla** en los siguientes parámetros (Zagalaz, 2001), Blázquez (2001) y (Paredes, 2003):

- **Edad Antigua**.-
  - CIVILIZACIONES PRIMITIVAS.
    - F. bio-existencial desde el origen humano para cubrir los requisitos más primarios de subsistencia. Correr, nadar, trepar, lanzar y uso de armas rudimentarias para caza y pesca.
    - F. espiritual y mística, magia para invocar espíritus para la caza

- F. relacional, a través de danza vincularse con los demás
- CIVILIZACIÓN CHINA.
  - F. bélica, como preparación militar
  - F. terapéutica para curación de enfermedades y malformaciones
  - F. educativa, destinada a la nobleza. Se sistematiza. Tiene objetivos.
  - F. lúdica como forma de ocupar el tiempo libre: juegos, ritmo, danza.
- CIVILIZACIÓN EGIPCIA.
  - F. religiosa como expresión de su espiritualidad
  - F. bélica
  - F. recreativa y lúdica, con juegos muy diversos: pelota, esgrima, etc.
- CIVILIZACIÓN MESOPOTÁMICA.
  - F. agonística con juegos competitivos
  - F. bélica
- CIVILIZACIONES PRE-COLOMBINAS.
  - F. recreativa
  - F. agonística, con juegos de pelota
- GRECIA.
  - F. higiénica, terapéutica para prevenir y curar enfermedades y lesiones
  - F. axiológica, para la búsqueda de una moral orientada a la fuerza y belleza corporal
  - F. estética, para lograr la belleza corporal
  - F. agonística y competitiva. Juegos olímpicos.
  - F. lúdica
- ROMA.
  - F. recreativa, el circo y sus espectáculos
  - F. bélica, preparación para las conquistas

- **Edad Media.-**
  - F. bélica, sobre todo con vistas a la participación en las cruzadas. Armas
  - F. recreativa, juegos populares y torneos. Juegos de pelota.

- **Renacimiento.-**
  - F. lúdica. Juegos diversos
  - F. educativa. Juegos de carreras, natación...
  - F. higiénica, como fomento de la salud

- **Siglo XVIII.- Ilustración.**
    - F. pedagógica, el ejercicio físico es un medio educativo. Educación integral

- **Siglo XIX.- Era Gimnástica Moderna. Período de las Escuelas.**
    - Nacen los importantes métodos que conocemos como "Escuelas", iniciadores de la E. Física actual y de donde España toma sus referencias de base.
    - F. bélica en Francia y Alemania
    - F. biológica y de la postura en Suecia
    - F. pedagógica en Francia e Inglaterra
    - F. agonística en Inglaterra

- **Siglo XX.-**
    - Surgen los "Movimientos Gimnásticos", como evolución de las Escuelas
    - F. expresiva y estética, a través del Movimiento del Centro y Oeste
    - F. pedagógica con el Movimiento del Norte y Oeste
    - F. orgánica con el Movimiento del Norte y Oeste
    - F. agonística y competitiva con el Movimiento del Oeste y Olímpico
    - F. moral, sobre todo a través del Movimiento Olímpico

Ofrecemos a las personas que nos leen y que desean un **resumen** "tipo flash", una tabla con las diversas funciones vistas anteriormente y que nos dan servicio también otros temas, como el 1 y 16. En función de nuestras necesidades, podemos aumentar (difícilmente disminuir) sus contenidos.

ÉPOCA	FUNCIÓN DEL MOVIMIENTO
Prehistoria	La lucha por la vida, espiritual, danza
Antigüedad, Lejano y Extremo Oriente	Religioso, terapéutico, guerrero, recreativo
Grecia, Atenas, Esparta	Ciudadano integral. Deporte (JJ. OO.) Educativo. Guerrero
Roma	Conquista (guerrero). Circo, profesionalismo
Edad Media (Feudalismo)	Caballeros. Lucha por ideales
Renacimiento: Humanismo, Filantropismo, Enciclopedismo	Ideales clásicos, vida natural. Ejercicio físico como agente Educativo
Moderno y Contemporáneo	La persona como unidad psicobiológica. Educación física realidad educacional. Salud y tiempo libre. Profesiones.

En la actualidad, las funciones más significativas vienen recogidas por Delgado y Tercedor (2002), Martin (2009) y Zagalaz, Cachón y Lara (2014):

- **F. de Conocimiento**: la trabajamos en el bloque de contenidos de "El cuerpo y sus habilidades perceptivo motrices".
    - La persona se conoce a sí misma y al medio a través del movimiento
    - No desaprovechar la fuente de conocimiento que produce el

movimiento
- Esquema Corporal, lateralidad, relajación, etc.

- **F. de Organización de las Percepciones**: la trabajamos en el bloque de contenidos de "El cuerpo y sus habilidades perceptivo motrices".
    - Exploración y experimentación de las capacidades perceptivo motrices.
    - Descubrimiento de la percepción del espacio y del tiempo: percepción inmediata y representación mental.

- **F. Anatómico-Funcional**: la trabajamos en el bloque de contenidos de "Educación física como favorecedora de la Salud"
    - Mejora de la capacidad física y la eficiencia motriz.
    - En Primaria se plantea la mejora de la condición física como factor de ejecución de las habilidades motrices, pero siempre de modo saludable.

- **F. Higiénica**: la trabajamos en el bloque de contenidos de "Educación física como favorecedora de la Salud".
    - Mejora y conservación de la salud y prevención de enfermedades.
    - La actividad física como elemento imprescindible para tener una buena salud y mantener una calidad de vida aceptable.
    - Fomentar hábitos higiénicos, también con atención al contexto familiar.

- **F. Estética-Comunicativa**: la trabajamos en el bloque de contenidos de "Expresión y creación artística motriz". También a través de todos los demás bloques con el juego motor grupal, que es donde existe comunicación.
    - Búsqueda de la belleza corporal a través del movimiento.
    - Armonía y estética en la propia ejecución motriz.
    - La importancia que hoy día tiene en la estética de las personas las modas y los anuncios publicitarios, sobre todo en televisión.
    - A través de la actividad física en general y del juego en particular, niñas y niños tienen un instrumento ideal para comunicarse con los demás.

- **F. de Relación**: la trabajamos en todos los bloques
    - Se refiere a la posibilidad que tiene la persona de conectar con los demás a través del juego y otras actividades físicas.
    - A través de las actividades físicas se ponen en marcha mecanismos de cooperación y oposición así como una dinámica de relaciones planteadas dentro del dominio de la ubicación espacial y temporal.
    - El creciente fenómeno de la **inmigración** está configurando los nuevos escenarios sociales, culturales y también educativos. En estos momentos la educación en España está abordando uno de los retos más importantes de su historia: la inclusión de un alumnado cuya **diversidad cultural**, a todos los niveles (social, cultural, lingüístico y religioso), no era antes conocida (Leiva, 2012).

- **F. Agonista**: la trabajamos en el bloque de contenidos de "Juegos y deporte escolar".

- Competir y superar dificultades a través del movimiento corporal.
- Conocerse mejor poniéndose a prueba, bien contra otros bien contra sí mismo.
- Es uno de los fundamentos del juego y del deporte.
- No debemos dejar que el espíritu de triunfo perjudique las prácticas de nuestros escolares, en muchas ocasiones influenciados por el contexto familiar y la televisión, viéndose perjudicada una actividad que de por sí es noble y educativa.

- **F. Hedonista**: la trabajamos a través de todos bloques de contenidos.
    - La actividad física, sobre todo la lúdica, como medio de disfrute y placer.
    - El juego y el deporte por el simple hecho de gozar con su propia realización.
    - Hacer actividad física en libertad, elegida por uno mismo.

- **F. de Compensación**: la trabajamos a través de todos bloques de contenidos
    - Como elemento de resarcimiento ante las limitaciones del medio y el sedentarismo de la sociedad actual.
    - A través del movimiento se perciben nuevos espacios, conexiones, vivencias etc.
    - Importante en las personas con necesidades educativas especiales, que pueden encontrar en el movimiento una ayuda inestimable a sus dificultades.
    - Se pueden corregir determinadas deficiencias a través de la práctica de la actividad física de forma intencionada.

- **F. Catártica**: la trabajamos a través de todos bloques de contenidos
    - A través del ejercicio físico se liberan tensiones. Restablecimiento del equilibrio personal.
    - La salud considerada como forma de integración armónica de los distintos rasgos de la personalidad.

En la siguiente tabla vemos un resumen tipo "flash" con palabras clave, que puede ser una buena solución a la hora de recordarlas.

FUNCIÓN	PALABRA-CLAVE
Conocimiento	Conocimiento esquema corporal y al medio
Organización de las percepciones	Percepción espacio/tiempo
Anatómico-funcional	Mejora aspectos óseo-muscular y orgánico
Higiénica	Salud e higiene
Estética-comunicativa	Belleza y comunicación con los demás
Relación	Contactos con los demás
Agonista	Superarse a sí mismo
Hedonista	Placer por el movimiento
Compensación	Respuesta ante la vida sedentaria
Catártica	Liberación de tensiones

Podemos agrupar estas funciones hacia tres **orientaciones**:

- **Función físico-motriz**.- La Educación Física como desarrollo de las capacidades orgánico-biológicas-funcionales. El cuerpo como "instrumento".
- **Función psicomotriz**.- La Educación Física como medio de desarrollo de las capacidades intelectuales: lógicas, cognitivas, memorísticas, etc.
- **Función sociomotriz**.- La Educación Física como realidad social (deporte, juegos colectivos, etc.) y como medio de desarrollo de las capacidades sociales (comunicativas, expresivas...)

CONCLUSIONES

En este Tema hemos visto cómo, tras un breve resumen histórico, está ubicada la Educación Física en el actual Sistema Educativo. Para ello hemos desglosado los objetivos del Área que hacen su aportación para conseguir los de Etapa, las competencias clave, los bloques de contenido y cómo el Área contribuye a su logro.

También hemos tratado las funciones del movimiento viendo su evolución histórica y centrándonos en las que hoy día se le reconocen.

BIBLIOGRAFÍA

- BLÁZQUEZ, D. (2001). *La Educación Física*. INDE. Barcelona.
- BLÁZQUEZ, D. y SEBASTIANI, E. (2009). *Enseñar por competencias en Educación Física*. INDE. Barcelona.
- BLÁZQUEZ, D. (2013). *Diez competencias docentes para ser mejor profesor de Educación Física*. INDE. Barcelona.
- BOLÍVAR, A. (1992). *Los contenidos actitudinales en el currículo de la Reforma*. Escuela Española. Madrid.
- CAÑIZARES, J. Mª y CARBONERO, C. (2009a). *Currículum de Educación Física en Primaria. Aclaraciones terminológicas*. Wanceulen. Sevilla.
- CAÑIZARES, J. Mª y CARBONERO, C. (2009b). *Currículum de Educación Física en Primaria para Andalucía. Aclaraciones terminológicas*. Wanceulen. Sevilla.
- CHINCHILLA, J. L. y ZAGALAZ, M. L. (2002). *Didáctica de la Educación Física*. CCS. Madrid.
- CONTRERAS, O. (2004). *Didáctica de la Educación Física*. INDE. Barcelona.
- CONTRERAS, O. y CUEVAS, R. (2011). *Las Competencias Básicas desde la Educación Física*. INDE. Barcelona.
- CONTRERAS, R. O. (2010). *Las competencias del profesor de Educación Física*. INDE. Barcelona.
- CUÉLLAR, Mª J. y FRANCOS, Mª C. (2008). *Expresión y comunicación corporal*. Wanceulen. Sevilla.
- DELGADO, M. y TERCEDOR, P. (2002). *Estrategias de intervención en educación para la salud desde la Educación Física*. INDE. Barcelona.
- EXPÓSITO, J. (2010). *Educación Física en Primaria. La programación en la L. O. E.* Wanceulen. Sevilla.
- FERNÁNDEZ NARES, S. (1993). *La Educación Física en el Sistema Educativo español: currículum y formación del profesorado*. U. de Granada. Consejo General de C.O.P.L.E.F. de España. Granada.
- FERNÁNDEZ GARCÍA, E. -coord.- (2002). *Didáctica de la Educación Física en la Etapa Primaria*. Síntesis. Madrid.

- FERNÁNDEZ TRUÁN, J.C. (2005). *Memoria Histórica de la Gimnástica a la Educación Física. La Educación Física en el Proceso Educativo*. Apuntes del curso. Infornet. Sevilla.
- GIL, P. (2003). *La programación de la Enseñanza en Educación Física*. En SÁNCHEZ, F. y FERNÁNDEZ, E. -coords.-. *Didáctica de la Educación Física*. Prentice Hall. Madrid.
- GIL, P. (2007). *Metodología didáctica de las actividades físicas, y recreativas*. Wanceulen. Sevilla.
- GONZÁLEZ, C. y LLEIXÁ, T. (2015*). Educación Física: complementos de formación disciplinar*. Graó. Barcelona.
- HERNÁNDEZ, J. L. y VELÁZQUEZ, R. (2004). *La evaluación en Educación Física*. Graó. Barcelona.
- HERNÁNDEZ VÁZQUEZ, J. L. (1996). *La construcción histórica y social de la Educación Física*. R. E. E. F. C. O. P. L. E. F. Madrid.
- JUNTA DE ANDALUCÍA (2010). *Orden de 03 agosto de 2010, por la que se regulan los servicios complementarios de la enseñanza de aula matinal, comedor escolar y actividades extraescolares en los centros docentes públicos, así como la ampliación de horario.* BOJA núm. 158 de 12/08/2010.
- JUNTA DE ANDALUCÍA (2010). Decreto 328/2010, de 13 de julio, por el que se aprueba el Reglamento Orgánico de las escuelas infantiles de segundo grado, de los colegios de educación primaria, de los colegios de educación infantil y primaria, y de los centros públicos específicos de educación especial. BOJA nº 139, de 16/07/2010.
- JUNTA DE ANDALUCÍA (2010). *Orden de 20 de agosto de 2010, por la que se regula la organización y el funcionamiento de las escuelas infantiles de segundo ciclo, de los colegios de educación primaria, de los colegios de educación infantil y primaria, y de los centros públicos específicos de educación especial, así como el horario de los centros, del alumnado y del profesorado.* BOJA nº 169, de 30/08/2010.
- JUNTA DE ANDALUCÍA (2007). *Ley 17/2007, de 10 de diciembre, de Educación de Andalucía (L. E. A.)*. B. O. J. A. nº 252, de 26/12/2007.
- JUNTA DE ANDALUCÍA (2006). *Orden de 06/04/2006 de la Consejería de Educación por la que se regula la organización y el funcionamiento de los centros docentes públicos autorizados para participar en el programa "El deporte en la escuela".*
- JUNTA DE ANDALUCÍA (2007). Ley 17/2007, de 10 de diciembre, de Educación de Andalucía (L. E. A.). B. O. J. A. nº 252, de 26/12/07.
- JUNTA DE ANDALUCÍA (2015). *Orden de 17 de marzo de 2015, por la que se desarrolla el currículo correspondiente a la educación Primaria en Andalucía*. BOJA nº 60 de 27/03/2015.
- JUNTA DE ANDALUCÍA (2015). *Decreto 97/2015, de 3 de marzo, por el que se establece la ordenación y el currículo de la educación Primaria en la comunidad Autónoma de Andalucía.* BOJA nº 50 de 13/013/2015.
- JUNTA DE ANDALUCÍA (2010). *Decreto 328/2010, de 13 de julio, por el que se aprueba el Reglamento Orgánico de las escuelas infantiles de segundo grado, de los colegios de educación primaria, de los colegios de educación infantil y primaria, y de los centros públicos específicos de educación especial.* BOJA nº 139, de 16/07/2010.
- LEIVA, J. J. (2012). *Educación Intercultural y convivencia en la escuela inclusiva*. Ediciones Aljibe. Málaga.
- LLEDÓ, A. I. (2007). *Competencias Básicas y Currículo*. Revista "Andalucía Educativa", nº 60. Consejería de Educación y Ciencia.
- MARTÍN, F. J. (2009). *Competencias básicas y funciones de la Educación Física*. Revista Digital "Innovación y Experiencias Educativas. Granada.

- M.E.C. (2013). *Ley Orgánica 8/2013, de 9 de diciembre, para la mejora de la calidad educativa.* BOE Nº 295, de 10/12/2013.
- M.E.C. (2014). *R. D. 126/2014, de 28 de febrero, por el que se establece el currículo básico de la Educación Primaria.* B.O.E. nº 52, de 01/03/2014.
- M. E. C. (2006). *Ley Orgánica 2/2006, de 3 de mayo, de Educación (L. O. E.).* B. O. E. nº 106, de 04/05/2006, **modificada** en algunos artículos por la LOMCE/2013.
- M.E.C. (2015). *Orden ECD/65/2015, de 21 de enero, por la que se describen las relaciones entre las competencias, los contenidos y los criterios de evaluación de la educación primaria, la educación secundaria obligatoria y el bachillerato.* B.O.E. nº 25, de 29/01/2015.
- PAREDES, J. (2003). *Teoría del Deporte.* Wanceulen. Sevilla.
- PÉREZ GÓMEZ, A. (2007). *La naturaleza de las competencias básicas y sus implicaciones pedagógicas.* Cuadernos de Educación de Cantabria. Consejería de Educación del Gobierno de Cantabria. Santander.
- RODRÍGUEZ GARCÍA, P. L. (2006). *Educación Física y Salud en Primaria.* INDE. Barcelona.
- ROMERO CEREZO, C y CEPERO, M. (2002). *Bases teóricas para la formación del maestro especialista en educación física.* Grupo Editorial Universitario. Granada.
- SÁENZ-LÓPEZ, P. (2002). *La Educación Física y su Didáctica.* Wanceulen. Sevilla.
- SÁNCHEZ GARRIDO, D. y CÓRDOBA, E. (2010). *Manual docente para la autoformación en competencias básicas.* C.E.J.A. Málaga.
- SARRAMONA, J. (2004). *Las competencias básicas en la Educación Obligatoria.* CEAC. Barcelona.
- TORREBADELLA, X. (2013). *Gimnástica y educación física en la sociedad española de la primera mitad de siglo XIX.* U. de Lleida.
- VELÁZQUEZ, A. y MARTÍNEZ, A. (2005). *Desarrollo de las habilidades a través de materiales alternativos.* Wanceulen. Sevilla.
- VICIANA, J. (2002). *Planificar en Educación Física.* INDE. Barcelona.
- VIZUETE, M. (2002). *Euroeducación física: encuentro de culturas.* En Díaz, A. Rodríguez, P. y Moreno, J. Actas del III Congreso Internacional de Educación Física e Interculturalidad (CD. Rom). Consejería Educación y Cultura. Cartagena.
- ZABALA, A, y ARNAU, L. (2007). *11 ideas clave. Cómo aprender y enseñar competencias.* Graó. Barcelona.
- ZAGALAZ, M. L. (2001). *Bases teóricas de la Educación Física y el Deporte.* U. de Jaén. Jaén.
- ZAGALAZ, Mª L.; CACHÓN, J.; LARA, A. (2014). *Fundamentos de la programación de Educación Física en Primaria.* Síntesis. Madrid.

WEBGRAFÍA (Consulta en junio de 2016).

http://www.agrega2.es
http://recursos.cnice.mec.es/edfisica/
http://www.ite.educacion.es/es/recursos
http://www.educarm.es/admin/recursosEducativos#nogo
www.juntadeandalucia.es/educacion/descargasrecursos/curriculo-primaria/index.html
http://www.gobiernodecanarias.org/educacion/webdgoie/
http://www.educarex.es/web/guest/apoyo-a-la-docencia
http://www.catedu.es/webcatedu/index.php/recursosdidacticos
http://www.adideandalucia.es

www.ingramcontent.com/pod-product-compliance
Lightning Source LLC
Chambersburg PA
CBHW080256170426
43192CB00014BA/2689